Der Gummidruck

Praktische Anleitung
für
Freunde künstlerischer Photographie

von

Prof. Friedrich Behrens
Oberlehrer
am Realgymnasium zu Lankwitz b. Berlin

Mit einer Zweifarbendruckbeilage und mehreren Abbildungen

Dritte verbesserte Auflage

BERLIN W.
Verlag von M. Krayn
1912

Preis 1.50 Mark

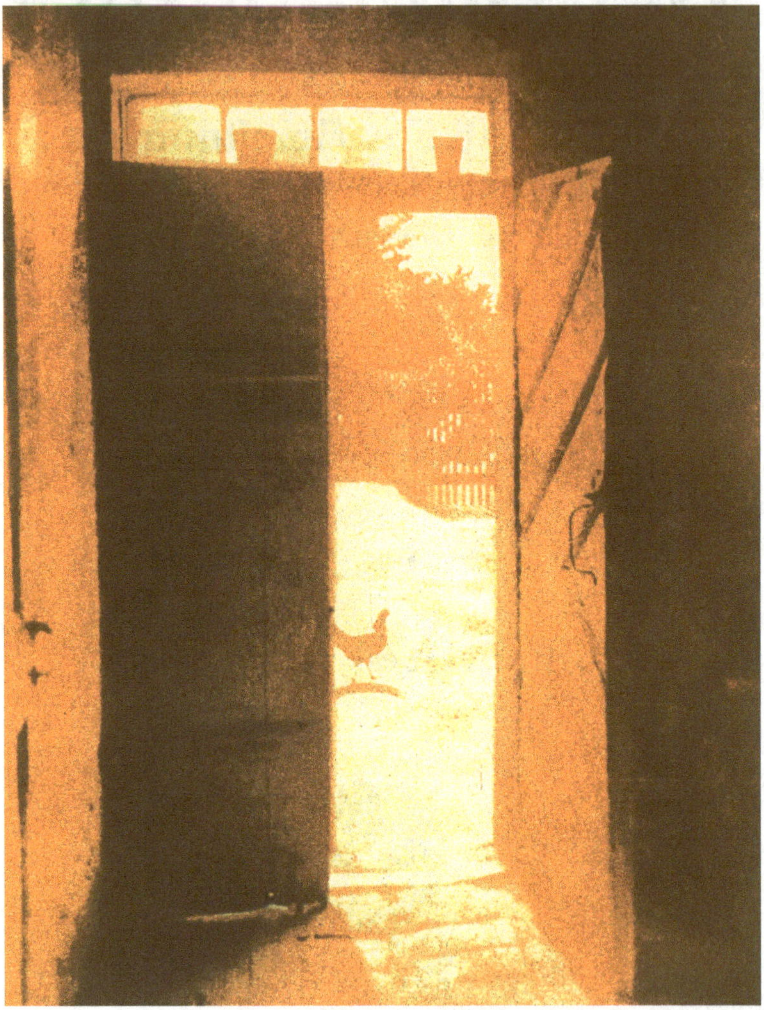

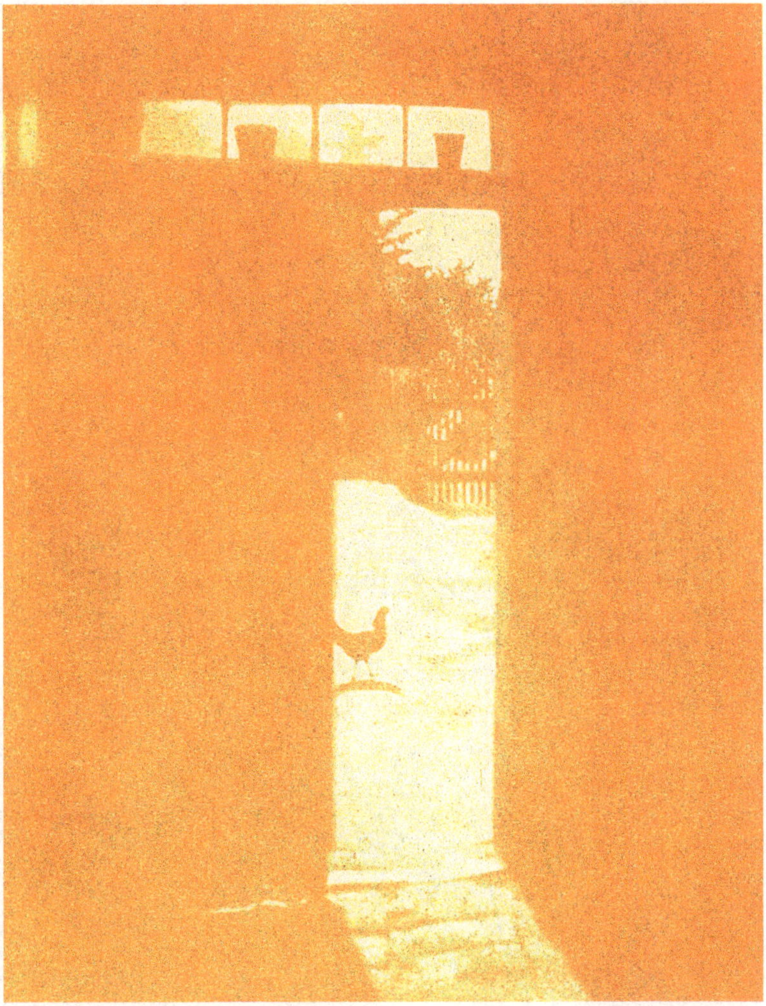

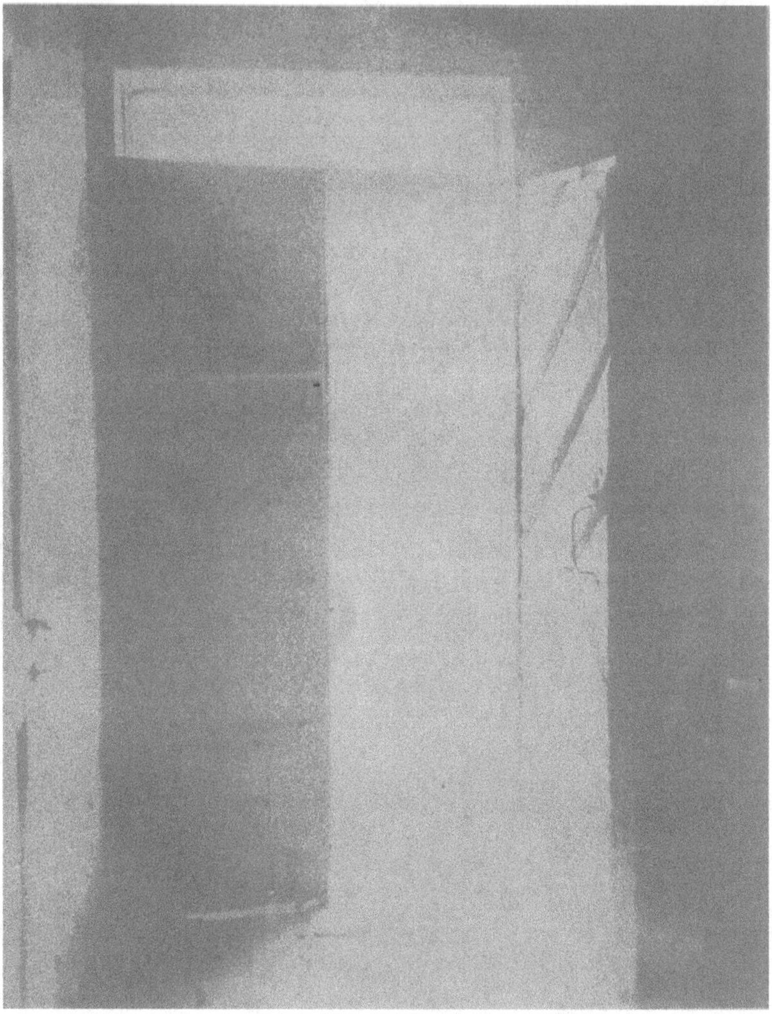

Der Gummidruck

Praktische Anleitung

für

Freunde künstlerischer Photographie

von

Prof. Friedrich Behrens

Oberlehrer

am Realgymnasium zu Lankwitz b. Berlin

Mit einer Zweifarbendruckbeilage und mehreren Abbildungen

Dritte verbesserte Auflage

BERLIN W.

Verlag von M. Krayn

1911

Inhaltsverzeichnis

Vorwort zur zweiten Auflage.

Die erste Auflage dieses Buches erschien im Juni 1898. Es war das erste Werk in deutscher Sprache, das eingehend das damals noch neue und zugleich Begeisterung und Widerspruch weckende Verfahren in seinen verschiedensten Erscheinungsformen und Ausdrucksmöglichkeiten behandelte — vom damals schon abkommenden Drucken von der Rückseite des Papiers her bis zum mehrfachen und mehrfarbigen Druck, die noch kaum in größerem Kreise gekannt waren. Der Verfasser legte darauf Gewicht, das neue Kopierverfahren im Zusammenhang zu behandeln, nicht Vorschriften zu geben, die nur mechanisch auszuführen waren, sondern sie auch theoretisch zu begründen, um nicht nur äußere Fertigkeit, sondern inneres Verständnis zu erzielen.

Es hieße, den größten Vorteil des Gummidruckes als künstlerisches Ausdrucksmittel aufgeben, nämlich die Möglichkeit, das, was man gesehen hat, so auszudrücken, wie man es gerade empfindet, und dazu die passendste Abänderung des Verfahrens zu wählen, wenn man e i n e Technik in den Vordergrund schöbe.

Der Anfänger muß lernen, zunächst e i n e Seite der Technik zu beherrschen, so daß sie für ihn keinerlei Schwierigkeiten mehr bietet, dann aber soll er versuchen, auch die Abänderungen des Verfahrens zu bemeistern, damit er, wenn er Künstlerisches leisten will, den seinen Absichten entsprechenden Arbeitsgang wählt.

Auch die neue von Grund aus umgearbeitete Auflage, die keine der in der Praxis bewährten Verbesserungen außer acht gelassen hat, die die letzten Jahre gebracht haben, hat sich das Ziel gesetzt, alle Seiten des Gummidrucks klarzulegen, es jedem zu ermöglichen, nach seinem Willen jedesmal den Weg zu wählen, der das Empfundene möglichst restlos ausdrückt.

Der Verfasser dankt auch an dieser Stelle allen, die ihn durch wertvolle Bemerkungen zur ersten Auflage erfreut haben, zumal den Herren Dr. Hugo Henneberg in Wien, Dr. F. Mallmann in Charlottenburg, Hauptmann Ludwig David in Budweis, und denen, die ihm durch eine Anfrage über Schwierigkeiten Veranlassung gaben, manches noch zu überprüfen.

Keine Vorschrift ist allein auf Grund praktischer Erfahrung gegeben worden; jede beruht auf umfangreichen experimentellen Untersuchungen. Das Ziel war immer, das Verfahren zu vereinfachen und zu erleichtern.

Die Materialcharakteristik eines Gummidruckes läßt sich kaum in einer Reproduktion wiedergeben. Die Zweifarbendruckbeilage soll vor allem die Art des Zusammendrucks verdeutlichen.

Ein alphabetisches Namen- und Sachregister ist angefügt worden.

Posen, im Mai 1903.

Vorwort zur dritten Auflage.

Nach der gänzlichen Umarbeitung der zweiten Auflage, in der der Stoff völlig von Grund aus neu gestaltet worden ist, bedurfte diese dritte Auflage nur teilweiser Ausgestaltung und Verbesserung. Veraltetes wurde ausgeschieden, praktisch erprobtes Neues aufgenommen. Doch konnte sich der Verfasser nicht entschließen, nach dem Vorgange neuerer Anleitungen zum Gummidruck jedesmal nur einen einzigen Weg zum gewünschten Ziele zu zeigen und so zumal den Kombinationsgummidruck zu einem zwangsläufigen Verfahren auszugestalten und damit den Hauptvorzug des Gummidrucks aufzugeben, der ihn über die üblichen Auskopierverfahren erhebt.

Lankwitz b. Berlin, im Juni 1911.

Friedrich Behrens.

I. Grundzüge des Gummidrucks.

Man mischt Wasser- (Aquarell- oder Tempera)farbe in Tuben mit einer Auflösung von Gummi arabicum und einer Lösung von Bichromat und verreibt sie unter einander. Die Mischung trägt man sehr dünn auf gut geleimtes gewöhnliches Zeichenpapier auf. Dieses wird nun im Dunkeln getrocknet und unter einem photographischen Negativ belichtet. In vollem Tageslicht läßt man dann die Kopie sich im Wasser entwickeln. Eine Fixierung ist unnötig. Zuletzt wird der Abzug getrocknet. Das ist das ganze einfache Verfahren des Gummidrucks.

Chemisch gehört er zu den Chromatverfahren. Diese beruhen darauf, daß die Bichromate, wie Kalium- oder Ammoniumbichromat, lichtempfindlich sind in Gegenwart organischer Reduktionsmittel. Wenn sie in Verbindung mit organischen Substanzen, wie Gummi arabicum, Gelatine, Zucker, Papier, dem Licht ausgesetzt werden, verlieren sie einen Teil ihres Sauerstoffs, der die organische Substanz oxydiert, und werden dabei selbst zu chromsaurem Chromoxyd reduziert, wie folgende chemische Gleichung ausdrückt:

$$3\,K_2Cr_2O_7 = Cr_2O_3 \cdot CrO_3 + 3\,K_2CrO_4 + 3\,O$$

(Doppelt chromsaures Kali, Kaliumbichromat)	(Chromsaures Chromoxyd, Chromsuperoxyd)	(Einfach chromsaures Kali, Kaliummonochromat)	(Sauerstoff)

Das chromsaure Chromoxyd kann nun noch weiter zu Chromoxyd (Cr_2O_3) reduziert werden, indem es noch einen Teil des Sauerstoffs abgibt.

$$2\,Cr_2O_3 : CrO_3 = 3\,Cr_2O_3 + 3\,O$$

Das durch die Belichtung entstehende chromsaure Chromoxyd übt auf das Gummi eine gerbende Wirkung aus, so daß es seine Löslichkeit im Wasser verliert.

Wenn man also eine Mischung von Gummi arabicum, Bichromat, einem Farbstoff in Lösung auf Papier aufträgt und das im Dunkeln getrocknete Papier unter einem photographischen Negativ belichtet, wird die Chromatgummifarbschicht je nach der Menge des zu ihr durch das Negativ durchgelassenen Lichtes mehr oder weniger im Wasser unlöslich, stark unter den glasklaren Stellen des Negativs, wenig unter den gedeckten; unter den kräftig gedeckten behält sie ihre volle Löslichkeit. Wenn man dann das kopierte Blatt in Wasser bringt, so lösen sich in den Lichtern die Farbteilchen ganz weg, in den Halbtönen nur zum Teil, und es entsteht ein dem Negativ entsprechendes photographisches Positiv in der gewählten Farbe. Nach dem Trocknen des fertigen Bildes ist seine Schicht nicht mehr in Wasser löslich.

Der Gummidruck ist dem Pigment- oder Kohledruck seinem Wesen nach nahe verwandt. Daß bei ihm Gummi anstelle der bei jenem gebräuchlichen Gelatine angewendet wird, ist nicht wesentlich. Anstelle des Gummis kann man bei unserem Verfahren auch Gelatine, Leim, Stärke, Dextrin und andere kolloidale Körper treten lassen; aber Gummi gewährt vor allem den Vorteil, daß die Entwicklung schon in kaltem Wasser vor sich geht. Die Dicke der Schicht unterscheidet die beiden Prozesse vor allem; beim Gummidruck verwenden wir eine sehr dünne Schicht, beim Pigmentdruck eine dicke, etwa **20—40** mal stärkere. Die Folge ist, daß beim Gummidruck bei der Belichtung die sehr dünne Farbschicht bis auf den Grund durchdrungen wird, nicht nur in den Schatten, sondern auch in den Halbtönen, daß je nach der Stärke der Einwirkung des Lichtes die Gummichromatfarbschicht qualitativ verschieden stark unlöslich wird und eine Differenzierung der Töne dadurch eintritt, daß die Schicht sich je nach dem Grade der Unlöslichkeit im Wasser bei der Entwicklung verschieden stark löst.

Dagegen arbeitet der Pigmentdruck bei Reliefbildung in sehr dicken Schichten. Daher muß ein auf Pigmentpapier kopiertes Bild vor der Entwicklung auf eine andere Unterlage übertragen werden, weil sonst Halbtöne und Schatten ohne Halt wären und abschwämmen; wenn man seitenrichtige Bilder wünscht, muß man die Übertragung noch einmal wiederholen.

Folgende Skizze mag diese Unterschiede klar machen:

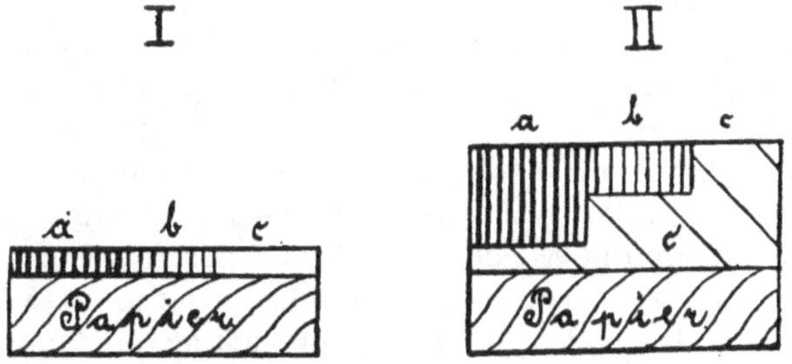

Fig. 1.

In Figur 1 ist unter I. schematisch ein vergrößerter Querschnitt durch ein Stückchen unter einem Negativ belichteten Gummichromatfarbpapiers gegeben; bei *a* war das Negativ glasklar, die Wirkung des Lichtes ist daher sehr stark gewesen, die Farbschicht ist stark gehärtet und wird bei der Entwicklung im Wasser ganz unlöslich bleiben; unter der halbgedeckten Stelle *b* ist die Lichtwirkung weniger stark gewesen, sie hat zwar die dünne Schicht bis auf den Grund durchdrungen, aber nur teilweise unlöslich gemacht; unter der stark gedeckten Stelle *c* ist die Gummischicht nicht beeinflußt worden und daher löslich geblieben.

Unter II. ist ein unter demselben Negativ belichtetes Blatt Pigmentpapier im schematischen Querschnitt vergrößert gegeben. *a* zeigt unter glasklarer Stelle des Negativs die größte Wirkung des Lichtes, ein starkes Relief ist entstanden von unlöslicher Pigmentgelatine — natürlich ebensowenig sichtbar wie bei I., aber bei der Entwicklung in die Erscheinung tretend, — bei *b* ist das Relief schwächer, weil das Licht die halbgedeckten Stellen des Negativs weniger stark durchdringen konnte, bei *c* setzt die Lichtwirkung aus. Unter den unlöslichen Stellen *a* und *b* liegen — hier nicht angedeutet — weniger lösliche Teile, dann aber unzersetzte Pigmentgelatine.

Bringt man I in kaltes Wasser, so löst sich bald die Stelle *c*, der weiße Papiergrund tritt hervor; *b* löst sich nur zum Teil, je nach der Dauer der Einwirkung des Wassers, *a* bleibt ganz ungelöst. Das Bild stuft sich in Lichtern, Halbtönen, Schatten ab.

Um II zu entwickeln, muß man warmes Wasser anwenden. Darin löst sich die unbelichtete Gelatine auf; aber auch die Teile *a* und *b* würden abschwimmen, wenn man nicht auf die Oberfläche der belichteten Schicht vorher ein Blatt Papier preßte, das fähig gemacht ist, diese an sich haften zu lassen. Durch diese umständliche Übertragung erhält man das Relief mit allen Feinheiten. Wenn man kein seitenverkehrtes Bild wünscht, muß man das Bild noch einmal auf eine andere Unterlage übertragen.

Die Entwicklung eines Gummidruckes läßt die Möglichkeit zu, — das zeigt auch das Schema I in Figur 1 — die Halbtöne *b* je nach der Dauer der Entwicklung dunkler oder heller werden zu lassen. Beim Pigmentdruck entfällt die Möglichkeit einer starken Beeinflussung des Druckes, weil das Relief schon alle Abstufungen vorgebildet enthält.

Hier an dieser Stelle konnte manches nur angedeutet werden, das die folgenden Kapitel völlig aufhellen sollen

II. Die Anfänge des Gummidruckes.

Im Jahre 1798 entdeckte Vauquelin das Chrom und die Chromsäure und erkannte, daß das carminrote Salz der Chromsäure mit Silber sich im Lichte dunkler färbe. Der Vater des Pigment-Gelatineverfahrens ist Fox Talbot geworden, der 1852, nachdem er ein Patent darauf genommen, die Lichtempfindlichkeit einer Mischung von Kaliumbichromat und Gelatine veröffentlichte. Er hatte gefunden, daß Chromat-Gelatine, nachdem sie belichtet ist, die Quellbarkeit in kaltem Wasser verloren hat. Die Erfindung des Pigmentdruckes geht auf Poitevin zurück, der neben der Chromatgelatine schon 1855 auch Chromatgummi verwandte.

Die ersten wirklichen Gummidrucke stellte im Jahre 1858 in der „London Photographic Sociéty" John Pouncy aus, indem er als Bildschicht Kohle, Gummi arabicum und Kaliumbichromat verwandte.

Das Jahr 1858 ist daher als Geburtsjahr des Gummidruckes zu bezeichnen. Aber das neugeborene Kind ließ man nötige Pflege entbehren. Die Unvollkommenheiten, die doch anfänglich jedem neuen Verfahren anhaften, suchte man nicht abzustellen, sondern man erklärte es von vornherein für unverbesserlich. Der Gummidruck scheint Schwierigkeiten in der Wiedergabe der Halbtöne zu bieten, aber es scheint auch nur so; Pouncy selber hatte schon Gummibilder ausgestellt, die mit Silberbildern verwechselt werden konnten. Das hinderte aber Kritiker wie Abbé Laborde und Fargier nicht, auf

Grundlage einer äußerst einleuchtenden Theorie zu beweisen, daß der Gummibichromatprozeß keine Halbtöne liefern könne.

Daher verloren die Praktiker den Glauben, fernerhin im Gummidruck Halbtöne herstellen zu können, die sie doch schon erreicht hatten, und beugten sich der allmächtigen Theorie. Hätten sie weiter gearbeitet, so hätten sie erkannt, daß die Labordesche Behauptung auf hohlen Füßen stand, daß im Gummidruck wirkliche Halbtöne von wunderbarer Feinheit entstehen, daß sie nicht nur zufällig solche erhalten hatten, sondern daß sie entstehen müssen. Jetzt bestreitet keiner mehr, der das Gummichromatverfahren gründlich versteht, daß es Mitteltöne liefert.

Daß die Theorie der Praxis einreden konnte, sie vermöge etwas nicht herzustellen, wozu sie schon ihre Befähigung gezeigt hatte, erscheint auf den ersten Blick unglaublich. Es ist aber so gekommen. Erklärlich ist es nur aus dem Umstande, daß der neue Prozeß nur von wenigen ausgeübt wurde, die nicht zu vollständiger Beherrschung durchgedrungen waren.

So wandte man sich wieder vom Gummidrucke ab. Zwar versuchte Burnet schon 1858 diesen dadurch lebensfähiger zu machen, daß er vorschlug, das Pigmentpapier von der Rückseite zu belichten, dann müßten die Halbtöne am Papier haften. Aber man verlangte damals nach Mitteln, die absolut genaue Wiedergabe der Einzelheiten zu erreichen, konnte sich daher mit der durch das Papierkorn hervorgerufenen leichten Unschärfe nicht befreunden. Nachdem Fargier in der Übertragung der belichteten Gummipigmentschicht 1860 ein Mittel gefunden hatte, alle Feinheiten des Negativs wiederzugeben, gab man jegliche Bemühung auf, den Gummiprozeß ohne Übertragung zu vervollkommnen. 1863 hat sich Fr. Bollm a n n noch einmal mit dem Verfahren befaßt. In seinem Buche: Das photographische Kohlebild, Berlin 1863, empfiehlt er einen Zusatz von Glyzerin zur Gummichromatmischung und außer dem Anstreichen mit dem Pinsel auch Auftragen mit der Leimwalze. Bald darauf schlummerte das Verfahren, von dem Pigmentdruck mit Übertragung verdrängt, fast ganz ein. Eine Modifikation benutzte man weiter für S t r i c h reproduktionen.

So stellte auch seit 1878 F r é d e r i c A r t i g u e Reproduktionen von S t r i c h z e i c h n u n g e n, Grundrissen auf einem Gummichromatpapier her, das nach der Belichtung gewässert und mit einem Schwamm abgerieben wurde. Auf einem ihm übersandten Plane befand sich einmal am Rande eine kleine Tuschzeichnung. Artigue war äußerst überrascht, als auch sie mit allen Halbtönen reproduziert wurde. Er suchte nun das Verfahren zu vervollkommnen, starb aber zu früh. Sein Sohn V i c t o r A r t i g u e in Bordeaux nahm die Arbeit seines Vaters wieder auf und zeigte auf der Pariser Ausstellung 1889 Aufsehen erregende Bilder, die durch sammetartige Tiefen und zarte Halbtöne an Schabkunstblätter erinnerten. Die Art und Weise der Fabrikation hielt er geheim, erst Ende 1893 brachte er das Papier unter dem Namen Charbon velours- oder Kohlesammet-Papier in den Handel. Es wurde nicht sensibilisiert geliefert, war daher sehr haltbar. Wahrscheinlich war ein gelatiniertes Papier mit einer Mischung von Gummi und Ruß außerst fein bestäubt worden. Die Oberfläche erschien grau; mit einem feuchten Finger konnte die Farbschicht leicht abgerieben werden. Das Papier wurde durch Auftragen einer Chromatlösung auf die Rückseite lichtempfindlich gemacht. Später wurde empfohlen, es völlig im Chrombad unterzutauchen. Belichtet wurde nach einem Photometer; die Lichtempfindlichkeit war der des Platinpapiers gleich.

Eigenartig war die Entwicklung. Mit einem lauwarmen Brei von sehr feinem Sägemehl und Wasser wurde das Bild begossen, bis in den Lichtern und Halbtönen die überflüssige Farbe abgerieben und abgespült war. Einzelne Teile des Druckes konnte man nach Belieben stärker herausholen.

Das Artigue-Verfahren, ein Chromatprozeß ohne Übertragung, lenkte die Aufmerksamkeit vieler Photographen auf sich. Man versuchte das Geheimnis der Herstellung zu ergründen, um nicht von dem käuflichen Papier abhängig zu sein. Dr. F. Mallmann veröffentlichte in den Wiener Photographischen Blättern 1895, S. 11, eine Mitteilung, wie man ein dem Artigue-Papier ähnliches Pigmentpapier ohne Übertragung herstellen könne; er gab zugleich eine klare Theorie der Entwicklung.

Schon vorher, im Jahre 1894, war der Gummidruck in Frankreich wieder aufgefunden und mit genauen Anweisungen veröffentlicht worden, die später nur ausgebaut, nicht von Grund aus verändert wurden.

A. Rouillé-Ladevèze in Tours stellte zuerst 1894 im Pariser Photoklub und im Londoner Salon Gummidrucke auf selbstgestrichenem Papier aus, die in der freien Beherrschung des Materials einen Schritt weiter bedeuteten als das Velours-Papier. Im April 1894 veröffentlichte er seine Erfahrungen in dem Schriftchen Sépia-Photo et Sanguine-Photo par A. Rouillé-Ladevèze. Paris, Gauthier-Villars. Angeregt war er durch Vorschriften, welche im Jahre 1887 die Zeitschrift La Nature gegeben hatte. Wie klar der Verfasser die Bedeutung des Verfahrens für die künstlerische Photographie einschätzte, die damals sich kräftig zu entwickeln begann, mögen einige Sätze aus der Vorrede zeigen: „Sepia- und Rötelphotographie! eine Benennung, die sicherlich durch die Empfindungen, die sie erweckt, die Liebhaber der Kunst in der

Photographie in ihrem Innersten aufrühren wird. Wird sie aber ihre Versprechungen halten? — Ja, wir versichern es nachdrücklich. Sollen wir von diesem Verfahren die übertriebenen Feinheiten der Silberpapiere verlangen? Nein! Wir haben es wieder aufgenommen, weil wir glauben, damit die Natur wiederzugeben, nicht wie das Objektiv sie zeichnet, sondern so, wie unser Auge sie schaut.... Der Gummidruck erleichtert den künstlerischen Ausdruck; er macht nicht aus einer gleichgültigen Photographie ein Kunstwerk, aber er hilft außerordentlich Kunst auszudrücken, wenn der Photograph verstanden hat, sie aus der Natur herauszureißen." Das Werkchen gibt eine genaue Anleitung und einen ganz bestimmten Arbeitsvorgang. Die praktische Ausübung des Verfahrens war danach ohne nennenswerte Schwierigkeiten möglich. Leider fand es nicht die gebührende Beachtung. Nur die Größten unter den Kunstphotographen arbeiteten sich in die von Rouillé-Ladevèze 1894 wiedererweckte Technik ein. Robert Demachy in Paris stellte noch im Herbst desselben Jahres im Londoner Salon Gummidrucke aus, ebenso Alfred Maskell, der Sekretär des Linked Ring in London. Im Wiener Kameraklub machte zuerst F. Vellusig auf das Verfahren aufmerksam. Im folgenden Jahre, 1895, erregten wieder im Londoner Salon Gummidrucke von Demachy Aufmerksamkeit. Den Bemühungen von Dr. Hugo Henneberg in Wien gelang es, zur Weihnachtsausstellung 1895 des Wiener Kameraklubs 5 Bilder von Demachy zu erhalten. Auch der damalige Präsident A. Buschbeck hatte einen Gummidruck ausgestellt. Im Klub nahm man das Verfahren mit Eifer auf. Am 14. März 1896 hielt Professor Hans Watzek den ersten Vortrag darüber. In gemeinsamer Arbeit haben dann Hugo Henneberg, Hans Watzek in Wien und Heinrich Kühn in

Innsbruck sich die Technik zu eigen gemacht. Im Londoner Salon 1896 stellte Henneberg schon einen Versuch in zwei Farben aus; er hatte die schwerwiegende Möglichkeit erkannt, auf einen trockenen Druck noch einmal einen neuen Aufstrich zu bringen, so Wolken einzukopieren, im Bilde mehr Mitteltöne zu erzielen und mehrere Farben nacheinander zu verwenden.

In Deutschland wurde dann der neue Prozeß zuerst auf der Internationalen Ausstellung für Amateur-Photographie zu Berlin im Herbste 1896 ein Gegenstand allgemeiner Aufmerksamkeit. Freilich, der Eindruck, den die Bilder von H. Kühn, darunter die vielgenannte „Dämmerung", machten, war für die meisten ein verblüffender. Das lag nicht allein in der Technik, sondern vor allem in dem Streben nach Vereinfachung. Das war etwas so ganz Ungewohntes. Daß das Verfahren unendlich vielseitig sei, haben dann die Ausstellungen des Jahres 1897 gezeigt. Wie fähig der Gummidruck ist, Halbtöne und zarte Übergänge vom Licht zum Schatten zu geben, bewiesen französische Aktbilder, die eine wunderbare Feinheit der Fleischtöne zeigten. Neben Gummidrucken, die als große Wandbilder auf Fernwirkung berechnet waren, sah man solche kleinsten Formates, aber von entzückender Wirkung.

Zu Neujahr 1897 überraschte Professor Hans Watzek den Kameraklub mit dem Dreifarbengummidruck; die erste mittels Kopierverfahren hergestellte Photographie in natürlichen Farben war geschaffen. Nach dem Prinzip des Dreifarbendruckes war von drei hinter passenden Lichtfiltern aufgenommenen Negativen ein Gummibild je in gelb, rot, blau übereinander kopiert worden.

Weiteren Kreisen zeigte zuerst derartige Naturfarbenbilder von H. Kühn, Dr. Henneberg und Ph. von

Schöller die Hamburger Ausstellung im Herbst 1897. Mittlerweile hatte die Technik einen Schritt vorwärts gemacht. Dr. Mallmann hatte die Vervollkommnung des Gummistärkedruckes angegeben und gleich Burnett (s. o. S. 15) ein Kopieren von der Rückseite vorgeschlagen. Die ganzen bisherigen Erfahrungen stellte in Kürze Dr. Henneberg in den Wiener Photographischen Blättern im Märzheft 1897 zusammen.

Der Verfasser trat in mehreren Aufsätzen in den Photographischen Mitteilungen 1897 für den Gummidruck ein und veröffentlichte eine Theorie der Entstehung der Halbtöne.

Im Februar 1898 sprach in der Hamburger Gesellschaft zur Förderung der Amateurphotographie Th. Hofmeister warmherzig für den Gummidruck als künstlerisches Ausdrucksmittel und veröffentlichte dann den Vortrag noch besonders.

In der englischen Literatur war bis dahin als einziges Werk über den Gummidruck 1897 eine Arbeit von den schon genannten Alfred Maskell und Robert Demachy herausgekommen, von der 1898 auch eine bei Gauthier-Villars in Paris erschienene französische Übertragung erschien. 1900 kam ein Werk von W. J. Warren, The Gum-Bichromate Process, hinzu. Alle gehen kaum über Rouillé-Ladevèze hinaus, die Verbesserungen und Weiterentwicklungen der Wiener sind nicht aufgenommen.

Diese waren währenddem dazu übergegangen, die drei Teilnegative des Dreifarbendrucks einfarbig, monochrom, übereinanderzudrucken. Diesen einfachen Kombinationsgummidruck besprach A. Freiherr v. Hübl im Märzheft 1898 der Wiener Photographischen Blätter; er riet, lieber Negative verschiedenen Charakters zu verwenden. Dr. Henneberg fügte hinzu, daß auch von einem Negative verschiedenartige Abzüge mehrfach übereinander gedruckt werden könnten.

Die erste Auflage dieses vorliegenden Werkes, die im Anfang Juni 1898 erschien, ist dann ausführlich auf Grund vielfacher Versuche auf den mehrfachen und mehrfarbigen Druck eingegangen.

J. Gaedicke verdankt der Gummidruck mehrfache Förderung. In seiner 1898 erschienenen Veröffentlichung suchte er das Verfahren durch einen genau ausgearbeiteten Arbeitsvorgang auch den Fachphotographen annehmbar zu machen.

Der Verfasser hat in den Wiener Photographischen Blättern 1898, S. 78 über die Frage der Entstehung der Halbtöne auf Grund eingehender sensitometrischer Versuche berichtet, S. 225 das Wesen des Chromatbildes untersucht und in den Photographischen Mitteilungen 1898 S. 278 und 298 die Theorie des Gummidrucks auf Grund vielfacher Untersuchungen vervollständigt. Den mehrfachen Druck empfahl er im Photographischen Centralblatt 1898 S. 369 in dem Aufsatze „Lichter und Schatten" und schilderte S. 404 „Im Grenzgebiete photographischer Technik" die Möglichkeiten des mehrfarbigen Druckes.

1899 gab Dr. J. Hofmann in Wien im Photographischen Centralblatt S. 341 unter dem unscheinbaren Titel: „Zur Technik des Gummidrucks" eine wertvolle Schilderung des ganzen Verfahrens und ging auf den Arbeitsgang des mehrfachen Gummidrucks klar und ausführlich ein.

1903 erschien die zweite, gänzlich umgearbeitete und erweiterte Auflage des vorliegenden Werkchens.

III. Die Technik des einfachen Gummidrucks.

Die Technik des Gummidruckes ist äußerst vielseitig; um künstlerische Ergebnisse zu erzielen, muß eingehende Materialkenntnis zu technischer Fertigkeit und künstlerischer Einsicht hinzutreten.

Die Kosten für die Materialien sind kaum nennenswert, von Farbstoffen werden nur sehr geringe Quantitäten verbraucht, auf den Quadratmeter ungefähr 1,2 g, dazu kommen 5 g Gummi arabicum (trocken) und 3 g Bichromat. Die Hauptausgabe verursacht das Rohpapier; doch da jedes gut geleimte verwendbar ist, kann man 1 qm schon für etwa 0,75 M erhalten. So vermag kein anderes photographisches Kopierverfahren mit der Billigkeit des Gummidruckes zu wetteifern.

Oft wird dem Verfahren eine allzulange Kopierdauer zugeschrieben. Doch das ist irrtümlich. Die Belichtungszeit ist kürzer als bei Celloidinpapier; und wenn man, wie es der Verfasser genannt hat, objektiv entwickelt, ist beim einfachen Druck jedes Bild in wenigen Minuten fertig gestellt.

Die Hauptvorzüge der Selbstzubereitung des Papiers liegen aber auf künstlerischem Gebiete. Man hat die ganz freie Wahl unter allen möglichen Papieren; auch anscheinend wenig geeignete kann man so präparieren, daß sie tadellose Drucke geben. Man hat die freie Wahl der Farbe. Man kann auch die Intensität der Tiefen ganz frei wählen — es ist verkehrt, anzunehmen, der Gummidruck erlaube nur Bilder von tiefem Ton; man sieht zwar meistens solche, aber ebenso kann man zarte Freilichtwirkungen geben und lichte Töne verwenden. Man kann geschlossene Töne oder fein- oder grobkörnige herstellen, wie man es für den gewollten Ausdruck wünscht.

Das alles gibt schon der einfache Gummidruck auf selbstbereitetem Papier. Aber er verlangt auch ausgedehnte Materialkenntnis und Einarbeiten in die Technik.

1. Die Materialien.

Es bedarf hier nicht der Besprechung solcher Werkzeuge und Materialien, wie sie in jedem photographischen Verfahren Verwendung finden. Dazu gehört vor allem das Negativ. Ein jedes, das mit irgendeinem der gebräuchlichen Positivprozesse, wie Celloidin, Platin, Pigment einen brauchbaren Abzug liefert, ist auch in der hier vorangestellten Art des Gummidrucks brauchbar; wir sprechen hier nur von der technischen Brauchbarkeit, nicht von der Fähigkeit, künstlerisch zu wirken; diese gibt natürlich der Gummidruck ebensowenig wie jedes andere Verfahren. Er ist nur Mittel zum Zweck.

Technisch ist also jedes sonst verwendbare Negativ geeignet, sei es ein Glas-, Film- oder Papiernegativ. Das letztere bietet den Vorteil, daß seine geringere Tonskala der wenig umfangreichen des einfachen Gummidrucks angepaßt ist. Vergrößerte Negative werden meistens auf Papier hergestellt. Bewährt hat sich das Negativpapier Normal der Neuen Photographischen Gesellschaft (N. P. G.) Berlin-Steglitz.

An den Kopierrahmen brauchen keine besonderen Anforderungen gestellt werden. Für Haut- und Papier-Negative bedarf es eines Rahmens mit Spiegelscheibe. Wer von einem anderen Negativ, z. B. einem Wolkennegativ, Teile einkopieren will, muß den Rahmen so groß wählen, daß beide Negative, soweit sie nicht denselben Teil des Papieres decken, darin nebeneinander Platz haben.

Weniger bekannt sind dem ausübenden Photographen zum Teil die Materialien, die dem Gummidruck eigentümlich sind, die wir deshalb einer ausführlicheren Besprechung unterziehen müssen, die Papiere, Farben, Pinsel, Photometer, die Gummi- und Bichromatlösungen.

Auf die Beschaffenheit des Papiers kommt im Gummidruck viel an. Wie beim Platindruck liegt das Bild auf der Oberfläche des Papiers und wird von ihrem Zustande stark beeinflußt.

Es bietet keine technische Schwierigkeit, auf minderwertigen Papieren, die zum großen Teil aus Holzstoff bestehen, Gummidrucke herzustellen; aber die Haltbarkeit ist gefährdet, in wenigen Jahren werden sie vergilben und zermürben. Man wird daher nur bessere Papiersorten verwenden.

Ist die Oberfläche des Papiers rauh, so wirkt das günstig, um eine allzu große Schärfe zu vermeiden, indem durch das Papierkorn dem Bilde eine gewisse Weichheit der Umrisse mitgeteilt wird.

Eine rauhe Oberfläche erhöht außerdem die Sättigung der Farbe in den Tiefen. Das hat in der mehrfachen Reflexion seinen Grund. Man erkennt ihre Wirkung leicht, wenn man zwei schwach gefärbte Bogen Papier oder Stücke Karton ein wenig von einander entfernt, in der Art, wie man ein Buch öffnet. Dann sieht man die Färbung, da eine Seite gegen die andere reflektiert, sehr verstärkt.

Es gibt Papiere mit regelmäßig eingepreßtem Korn, wie das bekannte Pyramiden-Kornpapier mit verschiedener Größe des Kornes, und ebenso Papiere mit verschieden großem Naturkorn. Ein stark rauhes Papier nennt man Torchon. Welches für ein bestimmtes Bild zu wählen ist, darüber kann allein das künstlerische Gefühl entscheiden. Im allgemeinen läßt sich nur sagen, daß viel von der Größe des Bildes abhängt. Bei kleinen Formaten muß man häufig zu fast glattem oder sogar zu ganz glattem Papier greifen.

Die F a r b e des Papiers ist meistens keine rein weiße, fast immer hat sie einen Stich ins Gelbliche oder ins Bläuliche. Bei der Wahl der Druckfarbe muß man auf diesen Umstand achten. Für den Anfang schadet es nicht, wenn man darüber hinwegsieht.

Besondere Wirkungen kann man mit farbigen Tonzeichenpapieren erreichen, die man in den verschiedensten Farbentönen vorfindet. Man muß sich aber dabei hüten, durch unangenehme Zusammenstellung zweier Farben, der Farbe des Papiers und der des Gummidrucks, zu verletzen und so das Gegenteil einer künstlerischen Wirkung zu erreichen. Derartige Versuche erfordern ein ausgebildetes koloristisches Gefühl.

Die anscheinend unbeschränkte Auswahl unter den verschiedensten Rohpapieren, sowohl photographischen als auch Zeichenpapieren, wird aus einem technischen Grunde etwas eingeschränkt.

Die auf das Papier aufgetragene Gummifarbenchromatlösung darf nämlich in keinem Falle in den Stoff des Papiers eindringen; denn man könnte dann bei der Entwicklung auch in den Lichtern die Farbe nicht entfernen. Wenn also die Oberfläche des Papiers die Lösung zu stark einsaugt, so erhält man Bilder ohne reine Weißen. Davon ist zwar manchmal Gebrauch zu machen, z. B. um eine Nebelstimmung mehr herauszubringen oder dem Himmel einen leichten Ton zu erteilen u. a. m. Im allgemeinen ist aber ein Papier vorzuziehen, das die Farbenlösung nicht in seine Poren eindringen läßt. Dazu trägt freilich das Gummi der Lösung etwas bei, aber den Hauptanteil zur Verhinderung einer zu großen Saugfähigkeit des Papiers hat die Leimung desselben und daneben auch die Satinierung.

Wenn das käufliche Papier nicht eine genügende Leimung besitzt, so muß es nachgeleimt werden. Das ist zwar keine umständliche Arbeit, aber doch eine, die der Anfänger gern vermeidet und auch vermeiden kann, da er vollständig geeignete, genügend geleimte Papiere am Markte findet. Am besten ist die Leimung im Ganzzeug, d. h. in der noch breiigen Papiermasse. Die Leimung im Bogen tränkt dagegen nur die Oberfläche des fertigen Papiers. Eine vollständige Leimung befähigt das Papier auch, die verschiedenen Wasserbäder auszuhalten, die oft in sehr ausgedehnter Dauer und in erhöhter Temperatur angewendet werden.

Daher muß auch die Festigkeit des Papiers eine bedeutende sein, es darf in den Bädern nicht einreißen.

Die größte Zähigkeit besitzen die herrlichen Japanpapiere. Ihre Oberfläche zeigt einen stumpfen Seidenglanz. Aber ihre Verarbeitung ergibt die größten Schwierigkeiten. Eine genügende Nachleimung, die den eigenartigen Oberflächenglanz erhält, ist kaum zu ermöglichen.

Auch die geschätzten Whatman-Zeichen- und Aquarellpapiere sind für den Anfang nicht geeignet. Alle Sorten, die glatten, rauhen und sehr rauhen, halten in den Lichtern einen Farbschimmer fest.

Für den einfachen Gummidruck sind nun aber eine große Reihe von deutschen Papieren verwendbar, die man nicht vorzupräparieren braucht. Daher können wir hier davon absehen, Vorschriften zur Leimung des Papieres zu geben. Im 4. Kapitel beim mehrfachen Druck sollen sie nachgeholt werden. Für das Einarbeiten in das Verfahren ist es besser, zunächst sich nicht unnötige Schwierigkeiten zu machen. Vom gewöhnlichen Schulzeichenpapier bis zum wertvollsten Büttenpapier findet man für den Gummidruck erprobte Papiersorten, so daß man nicht selber unbekannte zu untersuchen braucht, ob sie in den Lichtern reine Weißen geben. Dazu müßte man eine richtige Farbgummichromatlösung herstellen, das fragliche Papier dünn und gleichmäßig bestreichen, im Dunkeln trocknen, dann unbelichtet wässern. Jeder Farbschimmer muß dann in etwa 30 Minuten heruntergehen, wenn man das Papier mit der Schichtseite nach unten ruhig in kaltem Wasser liegen läßt. Wer anders entwickelt, vielleicht mit dem Zerstäuber, wird verlangen, daß bei seiner Entwicklungsart ebenso gut und in entsprechender Zeit reine Lichter erhalten werden. So braucht für die Entwicklung mit dem Wasserstrahl die Leimung nicht so stark zu sein als bei freiwilliger.

Wir beginnen also unsere Versuche mit erprobten deutschen billigeren Papieren. Ein Rohpapier mit tierischer Leimung für kleinere Formate geeignet, entweder mit glatter oder (schwach) rauher Oberfläche ist das Rohpapier No. 31, das die Firma H. Schmincke & Co., Düsseldorf-Grafenberg, vertreibt. Es ist durch sie oder jede photographische Handlung zu beziehen. Der Bogen im Royalformat, 50 × 65 cm groß, kostet 0,25 M, in Imperialformat, 57 × 76 cm, dagegen 0,35 M.

Von den Fabrikaten der Firma Carl Schleicher & Schüll, Düren, Rheinland, haben sich dem Verfasser verschiedene Sorten bewährt, von Rollenzeichenpapieren No. 759 und 763, 764, 765, von Papieren in Bogen Tauen-Zeichenpapier mit gelblichem Ton No. 109, dick und zäh, Zeichenpapier 143, 144, 145, die beiden ersteren zäh und dünn, das letztere sehr stark.

Wenn man eigenartig gekörntes Papier wünscht, wird man zu den hochgeschätzten Büttenpapieren von J. W. Zanders, Bergisch Gladbach b. Cöln a. Rh. greifen. Je nach dem Gegenstand des Bildes wird man unter den sechs Sorten Aquarellpapieren wählen, die jede mit rauher und mit starkrauher Oberfläche zu haben sind. Die Rauhigkeit wächst mit der Größe der Formate, Royal 49½ × 62 cm, der Bogen zirka 68 g wiegend, rauh, eignet sich sehr für kleinere Formate. Ja, der Aufstrich darauf ist bedeutend leichter als auf einem glatteren Papier, so daß es dem Anfänger auch deshalb sehr empfohlen werden kann. Auch Imperial, 56 × 78 cm, der Bogen zirka 70 g wiegend, das Papier also etwas dünner, rauh, paßt für kleinere Bilder. Mit den wachsenden Formaten steigt auch die Rauhigkeit; die größte zeigt ein Bogen Nummer 0 in 75 × 110 cm, zirka 250 g wiegend, extra rauh. Wer künstlerische Zwecke verfolgt, wird auch für die größten Bilder unter Zanders Büttenpapieren das passende finden. Man erhält sie in den Papierhandlungen. Schmincke & Co. führen sie als No. 32. Ein Bogen Royal, 49½ × 62 cm, kostet 0,45 M., Imperial, 56 × 78 cm, 0,50 M. Von J. W. Zanders glatten Papieren hat der Verfasser die Büttenpapiere 1d, 1e, 1g als vorzüglich befunden, von Rollenzeichenpapieren No. 792, 802, 812.

Ausländische Fabrikate brauchen nicht herangezogen zu werden. In der Literatur spielen sie eine gewisse Rolle, weil die französischen und englischen Wiedererwecker des Gummidruckes die bei ihnen bekannteren Papiere versuchten.

Über die verwendbaren Farbstoffe ist mancherlei zu sagen. Mit einem Bindemittel versetzte Farben, wie die Aquarell- und die Temperafarben in Zinntuben, sind an und für sich gleich gut zu verwenden, vorausgesetzt, daß ihre Qualität dieselbe ist. Staubfarben (trockene Farben) sind kaum zu empfehlen. Die billigen Sorten sind nicht sehr fein gerieben; die besten sind nur unwesentlich billiger als feuchte und unangenehm zu handhaben. Viel bequemer sind die feuchten Farben in Zinntuben. Sie sind denen in Stücken vorzuziehen, da bei ihnen das langwierige Anreiben fortfällt. In dem fertigen Fabrikat ist ungefähr zur Hälfte Farbe, zur Hälfte Bindemittel enthalten, doch wechselt das Verhältnis bei den einzelnen Farbtönen etwas. Das Bindemittel selber ist bei den Aquarell- und bei den Temperafarben verschieden; es besteht aus Gummi, Glyzerin, Eiweiß, gallsauren Salzen u. a. Für uns ist es wichtig, daß diese Zusätze den chemischen Vorgang beim Gummidruck nicht ungünstig beeinflussen, ja z. T. ihn befördern. Aquarellfarbe gibt einen weniger stumpfen, mehr leuchtenden Ton als Temperafarbe, die matt auftrocknet.

Teerfarben müssen ausgeschlossen werden, da sie den Papierstoff auch in den Lichtern färben und zu unbeständig sind, z. B. Scharlachlack, Mauve (Anilinviolett). Von den hervorragenden Firmen werden diese, die durch ihren Ton bestechen, auch direkt als unbeständig angegeben. Unter den billigeren Farben des Handels finden sich solche, die, um sie lebhafter zu machen, mit Teerfarben oder Teerfarblacken „geschönt" sind, so Krapplack, Indischgelb, Kobalt. Das ist der Lichtechtheit abträglich, und die Lichter werden dadurch auch bei wohl präparierten Papieren gefärbt. Man prüft solche verdächtigen Farben, indem man sie mit starkem Alkohol und etwas Ammoniak anreibt und die Mischung auf ein Filter bringt. Die abfiltrierte Flüssigkeit darf nicht die geringste Färbung zeigen.

Außer der Lichtechtheit muß man von den für den Gummidruck verwendbaren Farben verlangen, daß sie sich in der Chromatlösung und im Klärbade nicht zersetzen. Mit der Chromatlösung vertragen sich wohl alle Farben, aber nicht mit dem Klärbade. So wird Ultramarin von ganz schwachen Säuren zersetzt; man darf bei dieser Farbe weder ein Bad von Alaun noch von Natriumbisulfit anwenden, um das braune Chromsuperoxyd in grünliches Chromoxyd zu reduzieren. Für den Anfang vermeide man also Ultramarin ganz; der Fortgeschrittene kann auch ohne Säuren arbeiten und zur Reduktion Sonnenlicht verwenden. Näheres siehe weiter unten.

Auch für Aquarell- und Temperafarben brauchen wir nicht zu ausländischen Fabrikaten zu greifen, da in Deutschland beide in vorzüglichster Güte, u. a. von den Firmen H. Schmincke & Co., Düsseldorf-Grafenberg, Fr. Schönfeld & Co., Düsseldorf, Günther Wagner, Hannover und Wien, hergestellt werden. Farbentafeln der Fabriken erleichtern die Auswahl. Der Verfasser arbeitet mit den vielseitig empfohlenen Gummidruckfarben Sorte 24 von H. Schmincke & Co., Düsseldorf-Grafenberg, und zieht zur Ergänzung die größere Auswahl der feinst geriebenen Temperafarben Sorte 12 heran.

Im allgemeinen wird man keine ungemischten Töne verwenden, aber für den Anfang ist es angebracht, sich mit einer einzigen Farbe einzuarbeiten, dazu wähle man Lampenschwarz. Erst wenn volle Sicherheit erreicht ist, mag man zu anderen Farben oder Farbmischungen übergehen, denn mit dem Farbton ändert sich Aufstrich, Kopierdauer, Charakter der Tonskala.

Lasurfarben, d. h. durchsichtige Farben, wird man im einfachen Gummidruck selten verwenden, da die Schicht eine gewisse Dicke haben muß, um die nötige Sättigung in den Tiefen zu erreichen. Wenn die Gummifarbschicht aber zu dick ist, führt das technische Unzuträglichkeiten mit sich. So ist Sepia schlecht anwendbar. Gut deckende Farben sind am leichtesten zu verarbeiten. Daher wirken die Gummidrucke, die man sieht, meistens schwer. Zumal wenn man schwächliche Töne wählt, die man nur durch etwas Rot, Gelb, Grün, Blau differenziert, erreicht man dunkle Bilder, die in der Farbstimmung altmeisterlich wirken. Aber der Gummidruck an sich gibt auch lichtere Bilder voller Sonne und Freilicht, ohne daß man zu ungemischten, allzu lebhaften Farben zu greifen braucht. Für den Erfahrenen ist die Wahl auf der ganzen Palette unbeschränkt, er kann die Farben mit künstlerischem Gefühl dem Gegenstand und der Stimmung des Bildes anpassen. Für den Anfänger empfehlen wir die dunkle Palette, die der Kupferdrucker verwendet.

Wir rieten schon oben, sich mit Lampenschwarz einzuarbeiten. Schwärzliche Töne geben Neutraltinte und Paynes Grau, braune Van Dyckbraun, Umbra, Grüne Erde gebrannt; Terra di Siena gebrannt hat einen leuchtenden Rötelton; rot ist Englischrot und Indischrot, braungelb natürliche Terra di Siena. Als gelbe Farbe nehme man dunkles Chromgelb, als blaue Preußischblau hinzu. Alle genannten Töne gehören zu den sogenannten gewöhnlichen Farben, von denen eine Tube mit 16—25 g Inhalt 25 bis 50 Pfennig kostet. Aus ihnen kann sich der Anfänger viele Töne mischen. Die ersten sechs genannten sind ungemischt zu brauchen. Schwarz tönt man zu Blauschwarz durch Hinzufügung von ein wenig Preußischblau, zu Braunschwarz durch gebrannte Siena. Rötel erhält man, indem man gebrannte Siena mit etwas Schwarz versetzt, Braun durch Mischung von Van Dyckbraun oder einem anderen Braun mit Schwarz, Olivgrün durch Mischung von gebrannter Siena und Preußischblau. Diese Angaben sollen nur Fingerzeige geben. Töne kann man nicht beschreiben, man muß sie sehen, nachdem man sie gemischt und auf weißes Papier aufgestrichen hat. Durch Mischen von drei und mehr Tönen kann man die Skala noch sehr erweitern. Die einzige Schranke liegt im Farbensinn des einzelnen.

Wenn man auch versuchen wird, mit möglichst wenigen Farben auszukommen, so wird man doch seine Palette über die oben genannten zwölf Farben hinaus erweitern, um freier in der Wahl des Tones zu sein. Man kann eine dunkle und eine helle Palette unterscheiden. Die erste wird man am häufigsten verwenden, aber der zweiten bedarf man auch, wenn man zartere und hellere Töne mischen will. Von weiteren Farben sind zu empfehlen: Blau: Kobaltblau, Violetter Lack — Braun: Beinschwarz, Bister, Kasseler Braun, Gebrannter Dunkelocker, Madderbraun — Gelb: Cadmium (hell oder dunkel), Indischgelb, Ocker hellgelb — Grün: Chromoxydgrün feurig, Chromgrün (hell oder dunkel), Permanentgrün dunkel, Veroneser grüne Erde — Rot: Caput mortuum, Gebrannter lichter Ocker, Krapplack dunkel — Weiß: Kremserweiß. — Die genannten Farben sind so ausgewählt, daß man sie ohne Bedenken mit einander mischen darf, ohne chemische Umsetzungen fürchten zu müssen. Sie „vertragen“ sich alle mit einander. Man kann also unbesorgt allmählich aus ihnen seinen Farbenvorrat vergrößern.

Um einen Überblick der in den Bildern verwandten Mischungen zu haben und um einen schon gebrauchten Ton wieder treffen zu können, trägt man sich in ein Zeichenheft jeden neuen Ton ein, indem man von der Gummifarbe einen Streifen aufstreicht, ehe man sie mit der Chromatlösung gemischt hat. Dazu bemerkt man die Mischungsverhältnisse. Ein Abwiegen ist nicht nötig; man schätzt die verwendeten Farbmengen nach der Länge der aus den Tuben herausgedrückten Masse ab, also z. B. 5 cm Lampenschwarz, ½ cm Preußischblau wird als Verhältnis 5 cm und ½ cm notiert, ohne Rücksicht auf das spezifische Gewicht zu nehmen.

Da man selber das Papier mit der lichtempfindlichen Lösung präpariert, bedarf es dazu der P i n s e l. Um die

Farbe mit der Gummilösung und der Bichromatlösung innig zu verreiben und zu vermischen, bedient man sich eines Schablonier- oder Kolorierpinsels, der zu den sogenannten Borstenpinseln gehört. Vgl. die Abbildung Fig. 2. Um das Papier mit der gemischten Lösung gleichmäßig zu überziehen, kann man verschiedene Wege einschlagen. Was der eine mit einem Borstenpinsel mit steifen Borsten erreicht, das schafft der andere lieber mit einem Pinsel aus weichem Dachshaar. Die Übung macht hier viel aus. Während der eine mit einem Pinsel sein Auslangen findet, verwendet der andere zwei verschiedene nach einander. Dennoch werden wir den Anfänger auf bestimmte Arten Pinsel verweisen, denn es ist dem, der nie einen Malpinsel in der Hand gehabt hat, unmöglich, aus den mehreren hundert Sorten, wie sie z. B. die Vereinigten Pinselfabriken Nürnberg herstellen, etwas Geeignetes auszuwählen. Das Auftragen der Lösung auf das Papier kann man sehr gut vollziehen mit einem breiten Haarpinsel, wie sie die Handlungen photographischer Artikel schon unter dem Namen Abstaubpinsel führen. Er soll möglichst breit sein. Fig. 3.) So nehme man zum Überziehen eines Papierblattes 18 × 24 cm einen zweizölligen, an dem das Haar 48 mm breit ist. Für größere Formate wählt man breitere Pinsel, man findet sie bis zur Breite von 10″ = 240 mm käuflich. Mit einem breiten Pinsel ist es ziemlich leicht, ein Blatt Papier gleichmäßig mit der Farbgummilösung zu überziehen, wenn auch schwerer wie mit einer

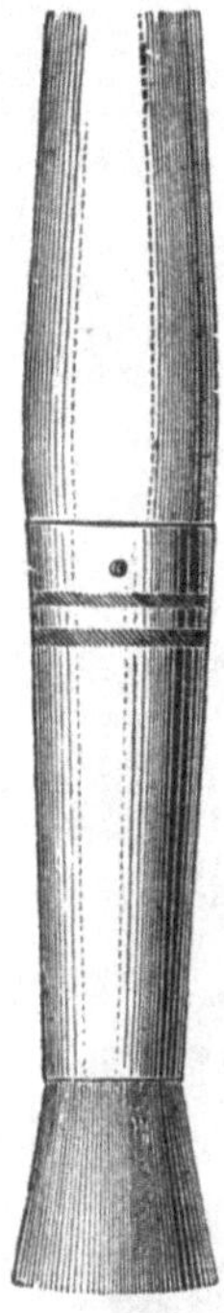

Fig. 2. Schablonierpinsel.

wäßrigen Farbenlösung, denn die Klebrigkeit des Gummis beeinflußt die Streichfähigkeit ungünstig. Bei einiger Geschicklichkeit und Übung wird man mit diesem einen

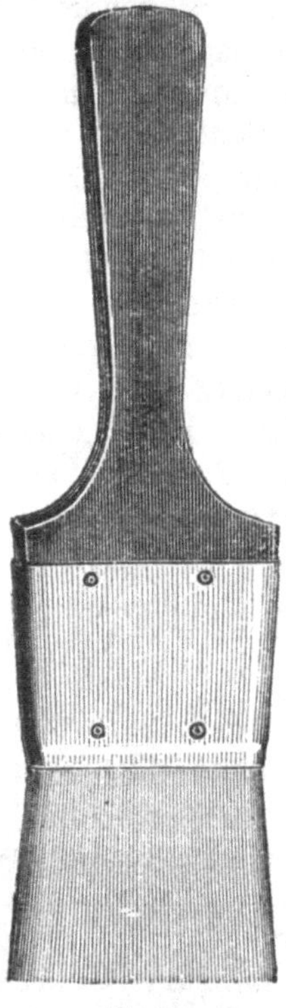

Fig. 3.
Haarpinsel.

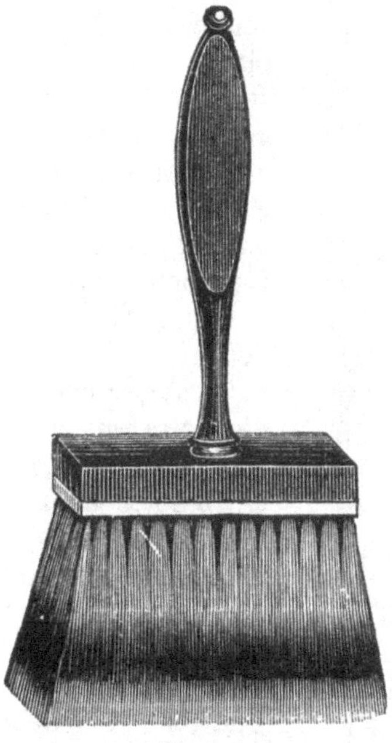

Fig. 4.
Vertreiber.

Pinsel das Papier genügend gleichmäßig bestreichen können. Wie man mit dem Streichen vorgeht, siehe im folgenden Teil 2. Um aber die Farbschicht auf einem ungleichmäßig bedeckten Papier auszugleichen, verwendet man meistens noch einen breiten Dachspinsel von der

Form der Abbildung 4, einen sogenannten Vertreiber. Die Vereinigten Pinselfabriken Nürnberg liefern diese Pinsel in der Breite von 2 bis zu 6 Zoll. Im allgemeinen wähle man seine Breite nicht unter der des Haarpinsels.

Da das bei helleren Farben deutlich sichtbare Chromatbild eine genaue Beurteilung der Stärke der Belichtung nicht ermöglicht, so bedient man sich, wie auch beim Pigmentprozeß, eines Photometers. Wer sich rein auf sein Gefühl verläßt, wie öfters empfohlen wird, der setzt sich der Gefahr aus, daß vieles mißlingt, und, was noch schwerer wiegt, er entbehrt jeden Anhaltes, zu ergründen, worauf die Mißerfolge beruhen. Wer sich hingegen an irgendein Photometer gewöhnt hat, arbeitet mit ihm auch in Verfahren, in denen seine Anwendung nicht unbedingt notwendig ist, wie im Platindruck.

Ein jeder, der ein Blatt Celloidin oder ein anderes direkt kopierendes Papier unter einem Negativ exponiert hat, vermag dasselbe auch unter der Skala des Photometers auszuführen. Bei dem Skalenphotometer von H. W. Vogel, einem altbewährten Instrumente, das leider ziemlich teuer ist, belichtet man einen Streifen Celloidinpapier unter einer Papierskala, die 25 verschiedene Stufen der Lichtdurchlässigkeit enthält. Der leichteren Ablesbarkeit halber ist jeder Stufe eine schwarze Nummer aufgedruckt. Wenn man ein mit einem Celloidinpapierstreifen beschicktes Photometer dem Lichte aussetzt, so dringt die Lichtwirkung zuerst durch den 1. Grad der Skala, die aus einer Lage Seidenpapier besteht und färbt das Silbersalz bis auf die Stellen unter der schwarzen Zahl; dann wird auch der zweite Grad gefärbt und so fort. Wenn man nun sehen will, wie stark die Lichtwirkung gewesen, öffnet man den Deckel des Photometers und sieht nach, welche Zahl erschienen ist. Das darf man natürlich nicht im Freien ausführen, sondern muß einen Raum mit gedämpftem Licht aufsuchen und, damit man die Abbildung der Skala auch genau erkennen kann, Lampenlicht benutzen. Die ersten Grade werden sehr schnell erreicht, aber mehr und mehr verlangsamt sich scheinbar die Wirkung. So muß man, damit die Gradzahl von 21 auf 24 zeigt, fast genau noch ebenso lange belichten, wie das Photometer brauchte, um von 0 auf 21 Grad zu steigen. Genaue Angaben, in welchem Verhältnis die Lichtmengen, die zur Erreichung einer bestimmten Wirkung nötig sind, zu einander stehen, findet man in Vogels Handbuch I. 94 und 327, II. 39. Hier haben wir diese Kenntnis nicht nötig. Wie aber gestaltet sich der praktische Gebrauch? Wenn man weiß, daß ein Negativ von mittlerer Dichte im Gummidruck bei einer bestimmten Papiersorte auf 15 Grad des Vogel-Photometers kopiert werden muß, dann läßt man den gefüllten Kopierrahmen so lange dem Tageslicht ausgesetzt liegen, bis man im Photometer die Zahl 15 erscheinen sieht; nun weiß man, daß die Belichtung richtig ist, mag man nur wenige Minuten in der Sonne oder stundenlang bei trübem Himmel kopiert haben. Wenn man ein neues Negativ nimmt, das etwas dichter ist, so kopiert man probeweise einen Streifen Gummipapier darunter, bis das Photometer 16, einen anderen, bis es etwa 17 zeigt und entwickelt die beiden Streifen; auf welchem das Bild am besten erscheint, merkt man sich. So erfährt man allmählich, wie weit man jedes Negativ kopieren muß. Man kann sich die Zahlen auf dem Plattenrande verzeichnen. Kennt man aber erst die Photometerzahl einer größeren Anzahl von Negativen, so ist man durch Vergleich imstande, bei jeder neuen Platte die Photometerzahl durch Schätzung ziemlich genau zu bestimmen. Man kann ohne Probelichtung sofort einen Abzug machen, ohne sich sehr zu irren.

Denselben Zweck wie das Vogelsche Skalenphotometer suchte Leutners „Kopieruhr Fernande“ von C. Seib in Wien zu erreichen. Sie hat den großen Vorteil, daß man sie in vollem Lichte ablesen kann, dazu aber den Nachteil, daß sie nur 10 Grade anzeigt und weniger genaue Angaben liefert. Ihre Fabrikation ist 1903 gänzlich eingestellt. In Rücksicht auf die noch im Handel befindlichen Exemplare rechtfertigt sich noch ihre Beschreibung. In ihr wird ein Streifen Celloidinpapier unter einer Skala belichtet, die von Hellgelb auf Dunkelgelb steigt. Neben jedem der 10 verschieden stark durchlässigen Ausschnitte auf dem Rähmchen ist ein dunklerer Farbenton hingesetzt. Sobald man das Photometer ans Licht bringt, beginnt sich das lichtempfindliche Papier zu färben. Man sieht es durch die Skala hindurch dunkler werden, und bald hat das Papier unter Grad 1 dieselbe Tönung wie die Normalskala, die links daneben angebracht ist. Die Wirkung des Lichtes geht weiter, bald ist auch Grad 2 ebenso dunkel wie der Normalton daneben, während jetzt die Färbung von Grund 1 schon stärker ist als der Normalton. Man kann also in vollem Lichte, ohne das Rähmchen öffnen zu müssen, die Stärke der gesamten Lichtwirkung abmessen. Weiß man nun aus Probeversuchen, daß ein Negativ bei 4 Grad einen Gummidruck mit richtigen Tonverhältnissen gibt, so hat man weiter nichts zu tun, als den Kopierrahmen mit dem Photometer so lange dem Tageslichte auszusetzen, bis die Fernande den Grad 4 zeigt.

Als Ersatz für die „Fernande“ zu dienen erscheint, solange kein billiges in der Aufsicht ablesbares Photometer neukonstruiert ist, der „Ceco“-Photometer berufen, der von der A. G. Carl Ernst & Co., Berlin SO., in den Handel gebracht worden ist. Der Verkaufspreis des sehr brauchbaren Instruments beträgt nur 60 Pfennige; daher sehen wir hier davon ab, die Selbstherstellung eines Photometers zu beschreiben. Der Ceco ist eine Kartonplatte 9×12 cm mit 18 kreisförmigen Ausschnitten. Hinter dem ersten befindet sich 1 Blättchen Seidenpapier, hinter dem zweiten 2 und so fort bis zum 18. Ausschnitt mit 18 Lagen. Jedem ist eine fortlaufende Zahl aufgedruckt. Man legt hinter die Ausschnitte ein Blatt lichtempfindlichen Papiers 4×9 cm und belichtet im Kopierrahmen. Abgelesen wird wie beim Vogel-Photometer im gedämpften Licht. Den zuletzt erschienenen Grad kann man leichter als bei diesem ablesen, da sich der gefärbte Kreis vom unbelichteten Papier gut abhebt. Die Photometergrade sind bei beiden nicht genau gleich. Der Ceco ist etwas unempfindlicher, daher genügen bei ihm 18 Grade. Wenn man eine in der Masse gefärbte Gelbscheibe vorschaltet, kann man mit ihm auch noch sehr dichte Negative kopieren.

Die Angabe der Photometerzahl, die man einmal gefunden hatte, besitzen einen festen Wert; vorausgesetzt natürlich, daß man nicht einen Wechsel in dem Silberpapier vornimmt, mit dem man in dem Photometer die Lichtempfindlichkeit mißt.

Als Photometerpapier verwendet der Verfasser weißes Celloidinpapier, nicht gefärbtes. Kleine passend geschnittene Streifen halte man in einer lichtsicheren Schachtel, wie einer alten Plattenschachtel, in Vorrat. Um die lichtempfindliche Seite sicher zu erkennen und nicht versehentlich die Rückseite gegen die Skala zu pressen, bezeichne man die lichtempfindliche Seite. Wenn man von einem Blatt einige Millimeter am Rande am Licht anlaufen läßt, und es dann in Streifen zerschneidet, kann ein Irrtum beim Einlegen nicht vorkommen.

Die Verwendung von Silberpapier zur Kontrolle eines Chromatprozesses erscheint vom theoretischen

Standpunkte aus nicht ganz richtig. Celloidinpapier und Gummidruckpapier zeigen verschiedene Farbenempfindlichkeit. Das weiße Tageslicht ist aber in den verschiedenen Tages- und Jahreszeiten verschieden zusammengesetzt, die Art der Bewölkung, die wechselnde Feuchtigkeit der Luft haben großen Einfluß darauf. Chromatpapier ist für Violett, Blau, Grün empfindlich, Silberpapier nur für Violett und Ultraviolett. Man müßte also das leicht herstellbare Chromatpapier verwenden, und doch wird in der Praxis fast ausschließlich käufliches Silberpapier benutzt. Die Unterschiede der Lichtempfindlichkeit haben große Bedeutung zur Erforschung der wechselnden Farbenhelligkeit des Tageslichts. Vielleicht wird man da außer Andresens gefärbten Normalpapieren auch hellgefärbte Gummichromatschichten verwenden können. Für die Praxis des Gummidruckes kann man über die theoretischen Bedenken hinwegsehen. Die oben empfohlenen Photometer stimmen schon, wenn man verschiedene Exemplare vergleicht, nicht genau überein. Der Verfasser hat bei der „Fernande“ Differenzen von 2 Grad zwischen zwei gleich beschickten Instrumenten gefunden. Im Sommer wächst die aktinische Helligkeit des zerstreuten Lichtes stark gegenüber dem Winter; man wählt daher einen geringeren Photometergrad. Ein Negativ, das im Dezember 14 Grad des Vogel-Photometers erfordert, kopiert im Juli bis 10 Grad. Man kann sowohl in der Sonne wie im Schatten kopieren, doch sind dann nicht die Photometerzahlen vergleichbar. Die Färbung des Silberpapiers weicht in der Sonne beträchtlich von der im Schatten ab. Man lege einmal zwei Streifen nebeneinander. Auch ein in der Sonne belichteter Gummidruck kopiert schneller und zeigt einen anderen Verlauf der Tonskala, wie ein in zerstreutem Licht kopierter. Die Lichter zeigen viel weichere Übergänge.

Für den Anfänger ergeben sich aus dem Angeführten folgende Regeln, die ihm ein bequemes und sicheres Arbeiten ermöglichen: Er verwende immer dieselbe Sorte weißen, nicht zu alten Celloidinpapiers im Photometer und kopiere immer unter gleichen Verhältnissen, entweder nur in der Sonne oder nur im Schatten. Die jahreszeitlichen Veränderungen braucht er anfangs auch nicht zu beachten, da sie langsam und unvermerkt eintreten.

Von Lösungen erfordert der einfache Gummidruck nur drei, die alle haltbar sind und im Vorrat gehalten werden, Gummi-, Chromat- und Alaunlösung.

Von der Anwendung des Gummi arabicum hat das Verfahren seinen Namen erhalten. Außer ihm wären auch Gelatine und andere kolloidale Körper, wie Kölner Leim, Fischleim, Eiweiß, Dextrin, Stärke verwendbar. Aber Gummi arabicum zeigt unleugbare Vorzüge. Zwar gibt Gelatine in der Schicht eine umfangreichere Tonskala, aber sie muß warm aufgetragen und warm entwickelt werden; das ergibt viele Schwierigkeiten, die Dr. Mallmann zu umgehen suchte, indem er durch Zusatz von Chloralhydrat die Gelatine auch in der Kälte löslich erhielt, so daß sie wenigstens kalt aufgestrichen und die Pinsel kalt gereinigt werden konnten; aber die Entwicklung mußte mit warmem Wasser vorgenommen werden. Nach seiner Vorschrift: In 100 ccm Wasser 40 g Gelatine quellen lassen, im Wasserbade erwärmen und 25 g Chloralhydrat zusetzen — erhält man Bilder mit vielen Halbtönen. Aber die Verwendung des Gummi arabicum ist dadurch nicht zurückgedrängt worden. Auch der von J. Raphaels zuerst empfohlene Fischleim erwies sich nicht fähig, das Gummi zu ersetzen; er kann zwar kalt aufgetragen werden, aber die Entwicklung geht schwierig von statten. Der Verfasser hat alle Ersatzmittel durchgeprobt und gefunden, daß das Gummi arabicum mit einem geringen Zusatz von Stärke, wie ihn zuerst Dr. Mallmann empfahl, am leichtesten zu verarbeiten ist und die besten Ergebnisse liefert.

Gummi arabicum ist der freiwillig ausgeflossene und getrocknete Saft einer afrikanischen Akazienart; es kommt in verschiedenen Qualitäten in durchsichtigen weißen, gelben, braunen Stückchen in den Handel. Von seiner Verwendung als Klebemittel her ist es sehr bekannt. Man nimmt dazu meistens fein gepulvertes Gummi, weil es sich dann leichter im Wasser löst.

Es ist aber nicht zu empfehlen, das Gummi arabicum für den Gummidruck in Pulverform zu kaufen, denn es enthält dann immer auch feingemahlenen Staub. Dem Klebgummi sind dazu manchmal noch Dextrin und andere Substanzen zugesetzt. Man verwendet daher am sichersten nur Gummi arabicum in möglichst hellen Stücken, wie es in den Apotheken zu medizinischem Gebrauch geführt wird. Damit erhält man eine fast ungefärbte Lösung.

Die Qualität der Gummilösung ist für den Erfolg von entscheidendem Einfluß. Der wirksame Bestandteil des Gummi ist Arabinsäure, gebunden an Kalk und Kali. Durch Erhitzen über 120° C. wird Gummi arabicum in Wasser unlöslich. Die Gummilösung zersetzt sich beim Aufbewahren an der Luft. Frische Lösung schmeckt fade und reagiert schwach sauer. Oft wird sie schon nach wenigen Tagen stark sauer und dünnflüssig und für den Gummidruck wenig verwendbar. Das muß man durch Zusatz von konservierenden Substanzen, wie Salizylsäure, Karbolsäure, Lysol verhindern. Die Erhaltung wird durch stärkere Konzentrierung sehr befördert. Der Verfasser hat eine Gummilösung 1 : 1½ = 40 prozentig 5 Jahre lang in halbvollem Glase wohlverschlossen gebrauchsfähig gefunden. Eine Lösung 1 : 2½ = etwa 30 prozentig, wie sie gewöhnlich empfohlen wird, zersetzt sich leichter.

Man muß von vornherein mit der größten Sauberkeit vorgehen, um Zersetzungskeime fernzuhalten, dann gewinnt man eine wirklich haltbare Lösung.

Die Gummistärkelösung stellt man auf die Weise her, daß man zuerst Stärkekleister ansetzt, darin das Gummi auflöst und sofort antiseptische Stoffe hinzufügt. Um 200 ccm Lösung anzusetzen, braucht man 90 g Gummi arabicum, 135 ccm Wasser, 4 g Arrowroot und 2 ccm Lysol.

Besser als Reis- oder Weizenstärke hat sich Arrowroot bewährt. Man wiegt 4 g davon ab und verreibt es mit 15 ccm destillierten Wassers in einem Schälchen. In einem reinen Gefäß bringt man dann 120 ccm destillierten Wassers zum Kochen. Wenn das Wasser ordentlich siedet, schüttet man unter Umrühren mit einem sauberen Glasstabe (oder Stiele eines Löffels) die Stärkelösung hinzu und setzt das Umrühren fort, bis eine gleichmäßige Verteilung erreicht ist. In wenigen Sekunden wird die Lösung durchscheinend. Jetzt ist sie fertig, sie wird vom Feuer entfernt; 2 ccm Lysol werden hinzugesetzt und durch Umrühren verteilt. Man gießt nun das Ganze in ein Glas mit weitem Halse von 200 ccm Inhalt und fügt 90 g Gummi arabicum hinzu. Nachdem man das Glas mit einem Korken geschlossen hat, schüttelt man und wiederholt das Schütteln nach einiger Zeit des öfteren. Wenn sich das gequollene Gummi durch längeres Stehen am Boden festgesetzt hat, legt man die Flasche eine zeitlang horizontal; dann wird die klebrige Masse durch ihr eigenes Gewicht zu fließen anfangen und sich langsam lösen.

Wenn sich das Gummi vollständig gelöst hat, muß man die weißliche, halb durchscheinende Flüssigkeit noch durch ein Stück reine Leinwand durchseihen. Dazu spannt man ein Stück Leinen, das ausgekocht und mit destilliertem Wasser angefeuchtet ist, mit einer trichterförmigen Vertiefung in der Mitte frei über ein Becherglas und schüttet die Gummistärkelösung in die vertiefte Mitte; durch ihr eigenes Gewicht wird sie bald durch die Poren sich einen Weg gesucht haben, während die Unreinigkeiten zurückbleiben. Beim Gebrauch eines gewöhnlichen Glastrichters würde die Prozedur viel länger dauern. Wenn man durch sanftes Pressen des in der beutelförmig gelegten Leinwand befindlichen Gemisches nachhilft, ist die Filtration bald vollzogen.

Man hat etwa 200 ccm fertige Lösung erhalten. Sie hat ungefähr ein spezifisches Gewicht von 1,16. Vor dem Gebrauch ist sie jedesmal zu schütteln. Um ein Ankleben des Korkes und eine Verunreinigung der Mischung durch Korkteilchen zu verhüten, bade man ihn in erhitztem Vaselin oder Paraffin, ehe man ihn in Gebrauch nimmt, und wische die Mündung des Glases nach jedem Gebrauche mit einem reinen Tuche aus. Kleine Quantitäten entnimmt man der Flasche noch bequemer durch eine Pipette.

Die Vorschrift zum Ansetzen der Gummilösung erscheint etwas umständlich, aber die geringe Mühe wird durch große Haltbarkeit belohnt. Wem die Herstellung zu unbequem dünkt, kann sich die Lösung in jeder Apotheke anfertigen lassen. Die photographischen Handlungen führen auch nach des Verfassers Angaben angesetzte Lösung von H. Schmincke & Co., Düsseldorf-Grafenberg. 500 g kosten mit Glas 2,50 Mk.

Die zweite Vorratslösung ist die Chromatlösung. Früher verwendete man eine gesättigte, wässerige Lösung von Kaliumbichromat (doppeltchromsaures Kali $K_2Cr_2O_7$). Das Salz bildet rote Kristalle, die im Wasser schwer löslich sind. Man muß sie daher pulvern oder die Hitze zur schnelleren Lösung zur Hilfe nehmen. Eine heiße, gesättigte Lösung scheidet beim Erkalten einen Teil des Salzes wieder aus. Bei gewöhnlicher Zimmertemperatur löst es sich in 10—12 Teilen Wasser zu einer orangeroten Flüssigkeit, die auch im Lichte haltbar ist. Um etwa vorhandene Spuren von freier Chromsäure abzustumpfen, ist es vorteilhaft, etwas Ammoniak der Kaliumbichromatlösung hinzuzufügen, aber nicht soviel, daß sie danach riecht. Die Gummichromatfarbenmischung wird dadurch beim Trocknen des Papiers weniger leicht zersetzt.

J. Gaedicke hat das lichtempfindlichere Ammoniumbichromat $[NH_4]_2Cr_2O_7$ für den Gummidruck empfohlen. Er hat verschiedene Vorzüge: einmal kann man konzentriertere Vorratslösungen damit herstellen, 1 Teil löst sich schon in 4 Teilen Wasser, dann besitzt es bei gleichem Gewicht größere Lichtempfindlichkeit, ferner kann es aus der Schicht nicht so leicht auskristallisieren und dadurch das Bild schädigen.

Eine konzentrierte Lösung (1 : 4) empfehlen wir nicht, sondern eine von 15 pCt. Die Lichtempfindlichkeit wächst nicht in demselben Grade wie der Prozentgehalt. Eine gesättigte Lösung (1 : 4) ist nur etwa ⅕ empfindlicher als eine 15prozentige. 30 g Ammoniumbichromat bringen wir in ein Glas von 200 ccm und fügen 170 ccm destilliertes Wasser zu. Die Lösung wird filtriert. Auch hier verwende man einen gefetteten oder einen Gummipfropfen, weil Kork als organische Substanz wirkt und eine Reduktion des Chromates, das an ihm eingetrocknet ist, bei Belichtung stattfindet.

Die Chromatlösung wirkt auf offene Wunden als Gift; man vermeide daher, mit den Fingern hineinzufassen. Wenn etwas davon auf die Haut gekommen ist, läßt man es nicht eintrocknen, sondern entfernt es durch Waschen.

Die dritte und letzte Vorratslösung ist die von Alaun, die zum Klären dient. In ein Glas von 500 ccm bringt man 40 g Kalialaun und fügt 460 ccm destilliertes Wasser zu. Eine stärkere, gesättigte Lösung empfiehlt sich weniger. Die Lösung färbt sich durch den Gebrauch, ist aber öfter verwendbar. Wenn sie zu langsam wirkt, erneuert man sie. Von weiteren Materialien bedarf man einiger Stücke Pappe, Heftnägel und Entwicklungsschalen, auf deren Verwendung wir noch im folgenden zu sprechen kommen.

Um den Anfänger das Einarbeiten zu erleichtern und ihm manches Suchen und Erproben zu ersparen, hat 1898 auf Veranlassung des Verfassers die Firma H. Schmincke & Co., Düsseldorf-Grafenberg, einen Materialkasten mit dem gesamten Zubehör zum Gummidruck zusammengestellt und zum Preise von 15,50 M in den Handel gebracht.

2. Die Präparation des Papiers.

Rouillé-Ladevèze hat die lichtempfindliche Mischung von Gummi, Farbe, Chromat zusammen mit einem Male aufgetragen, und auch heute noch ist diese Art der Präparierung die verbreitetste und beste. Aber daneben hat man auch die getrennte Präparation versucht.

In ihrem Werke über Gummidruck haben Maskell und Demachy vorgeschlagen, zuerst das Papier zu sensibilieren, indem man es zwei Minuten in einer 10prozentigen Lösung von Kaliumbichromat badet, darauf es zu trocknen und nun mit der Mischung einer 20prozentigen Gummilösung und Farbe zu überziehen. J. Packham ist dann für die getrennte Präparation eingetreten und J. Gaedicke hat sie übernommen. Man rühmt ihr nach, daß sie reinere Weißen und reichere Halbtöne ergebe. Doch auch mit der Verbesserung, die der Verfasser 1898 vorgeschlagen hat, nur eine Seite des Papiers durch

Überstreichen mit Chromatlösung lichtempfindlich zu machen und auf das getrocknete Papier dann Gummi und Farbe aufzutragen, auch mit dieser Verbesserung kann die getrennte Präparation nicht mit der einmaligen in erfolgreichen Wettbewerb treten. Der gleichmäßige Aufstrich der gelben Chromatlösung ist nicht leicht zu treffen, die Gummifarblösung darf, da das Papier schon lichtempfindlich gemacht ist, nur bei Lampenlicht aufgetragen werden, das chromierte Papier bräunt sich bald und wird dann unbrauchbar. Vor allem aber ist die getrennte Präparation bedeutend umständlicher. Die einfache erfordert nur Streichen und Trocknen, die getrennte aber 1. Aufstrich der Chromatlösung, 2. Trocknen, 3. Aufstrich der Gummifarbe, 4. Trocknen.

Von der Absicht veranlaßt, bei saugenden Papieren die Vorpräparation zu vermeiden, hat der Verfasser auch versucht, das Papier zuerst mit einer Mischung von gleichen Teilen Gummi- und Chromatlösung zu überziehen, trocknen zu lassen und dann noch einmal wässerige Farblösung aufzutragen. Dem angestrebten Ziele nähert man sich wohl, aber es ergab sich die Schwierigkeit, beim Auftragen der gelben Gummichromatlösung eine gleichmäßige Dicke des Aufstriches zu erzielen, weil das Auge Unterschiede der Intensität bei hellem Gelb schwer erkennt. Streifen und Flecken sind daher kaum zu vermeiden.

Nur eine Art der getrennten Präparation hat in einigen Fällen Berechtigung; man kann wie beim gewöhnlichen Pigmentdruck zuerst Gummi und Farbe allein auftragen und das völlig haltbare Papier vor dem Gebrauch durch Eintauchen in eine Chromatlösung sensibilisieren. Aber das Gummi löst sich dabei im Wasser, man kann das Papier nur kurze Zeit ohne Schaden in dem Chromatbade lassen, die nicht genügt, es hinreichend lichtempfindlich zu machen. Abhilfe schafft da Millers Vorschlag, das

Gummi mit Chromalaun anzugerben und so in Wasser schwerer löslich zu machen. Man kann sich so einen großen Vorrat gleichmäßig und mit gleichem Farbtone gestrichenen Papiers schaffen, um gleichartige Kopien herzustellen.

W i e v i e l soll man von Farbe, von Gummi, von Chromat nehmen? W i e d i c k soll man die Lösung auftragen? Diese beiden Fragen erheischen theoretische Überlegung und praktische Erprobung. Die zweite Frage hängt mit der ersten eng zusammen. Wir haben gesehen, daß ein ä u ß e r s t d ü n n e r Aufstrich den größten Reichtum an Halbtönen gibt. In seinen oben genannten sensitometrischen Untersuchungen hat der Verfasser gefunden, daß mit 1 ccm Aufstrichgemisch ungefähr 300 qcm bei glatten, ungefähr 150 qcm bei stärker rauhen Papieren gedeckt werden. Das ergibt für 1 qm Fläche bei glatten Papieren etwa 30 ccm Aufstrichgemisch, bei stärker rauhen das Doppelte.

Wieviel Farbe soll man da nehmen? Der Aufstrich muß so intensiv sein, daß nach dem Entwickeln die größten Tiefen gerade die Kraft zeigen, die man wünscht. Und dazu genügt ein s e h r g e r i n g e s Quantum Farbe. Je nach der Färbekraft ist dieses verschieden. Von Lampenschwarz braucht man nur den vierten Teil von dem, was Terra Siena fordert. Nähere Angaben siehe S. 52. Der Anteil an Gummi darf nicht unter ein bestimmtes Maß sinken, um reine Weißen zu bewahren. Je mehr Chromat die Schicht enthält, um so empfindlicher ist sie, um so weicher ist die Tonskala. Beim einfachen Gummidruck dürfen wir die Chromatmenge nicht beliebig erhöhen, weil wir zu flaue Bilder vermeiden müssen. Auf Grund vielfacher Versuche rechnen wir 5 g Gummi und 2,7 g Ammoniumbichromat, oder 12 g Gummistärke- und 18 g Bichromatlösung auf den Quadratmeter.

Nun zur Praxis der Präparation: Man wird wohl die ersten Versuche mit kleineren Bildformaten beginnen. Man zerschneidet daher den großen Bogen Papier in kleine Formate. Die Blattgröße wählt man 2—3 cm nach Länge und Breite größer als die Plattengröße, also bei 18/24 Format etwa 20/25; denn es ist schwierig, den Rand eines Papiers gleichmäßig mit Farbe zu überziehen. Außerdem ist ein Rand nötig, um daran das Papier in den Bädern zu fassen, um es zum Trocknen zu befestigen usw. Man kann so aus dem Bogen 50 × 65 cm 2 × 3 = 6 Blatt herausschneiden. Wie schon oben erwähnt, bedarf unser Papier keiner Vorpräparation.

Das Streichen des Papiers nimmt man am besten am Abend vor dem Gebrauche vor. Dann ist das Papier am nächsten Morgen vollständig trocken zur Belichtung bereit. Man kann aber auch bei ein wenig gedämpftem Lichte bei Tage präparieren und braucht nur zum Trocknen das Licht abzuschließen, da die Lichtempfindlichkeit des Gummichromatpapiers erst beim Trocknen in die Erscheinung tritt.

Man streicht nicht mehr Blätter, als man am gleichen oder am nächsten Tage zu verarbeiten gedenkt. Zwar hält sich das fertige Papier im Winter bis zu 14 Tagen, im Sommer 48 Stunden, länger noch in einer Chlorcalciumbüchse; aber frisches Papier gibt immer normale Resultate.

Die Mischung zum Präparieren stellt man in der Weise her, daß man in ein größeres Näpfchen zuerst 0,6 g Temperafarbe bringt. Oben hatten wir für die ersten Versuche Lampenschwarz empfohlen. Dann mißt man 6 ccm Gummistärkelösung ab, gießt sie darüber und verreibt beides, indem man mit dem Schablonierpinsel mit kurzen, steifen Borsten die Mischung durch und durch rührt. Dann setzt man 9 ccm Bichromatlösung hinzu und verreibt das Ganze noch einmal auf das sorgfältigste.

Mit dem angegebenen Quantum kann man nun ½ qm oder 10 Blatt 20 × 25 überziehen. Für den Anfang wird es schwer halten, so dünn zu streichen; man fügt dann dem Gemisch bis zu 5 ccm Wasser zu.

Auch wenn man das Papier anfeuchtet, erreicht man leichter einen dünneren Aufstrich. Man taucht dazu das Papier kurze Zeit in reines Wasser, legt es zwischen Löschkarton und quetscht es dann glatt auf eine Glasplatte auf. Als Unterlage kann man die schwere Spiegelglasplatte eines Kastenkopierrahmens sehr gut verwenden.

Aber es ist besser, die ersten Versuche sofort auf trockenem Papier zu beginnen. Man legt ein Blatt Makulatur auf ein Stück Pappe, darüber ein Blatt trockenen Zeichenpapiers und befestigt es nur an der rechten oberen Ecke mit einem Heftnagel oder Reißbrettstifte, damit es sich frei ausdehnen kann, wenn das Wasser der Präparierlösung es ausdehnt.

Dann rührt man die Farbenlösung mit dem Schablonierpinsel noch einmal kräftig um, taucht den breiten Haarpinsel, um ihn anzufeuchten, in reines Wasser und drückt ihn aus. Nun taucht man ihn in die Gummichromatlösung, streicht überflüssige Farbe am Rande des Napfes ab und führt den Pinsel mit gleichmäßiger Pressung zunächst am oberen festgesteckten Papierrande, indem man die linke Ecke mit einem Finger der linken Hand festhält, entlang von links nach rechts, bedeckt ebenso durch Streichen den nächsten Streifen darunter, und dann den dritten. Wenn man einen zweizölligen Pinsel verwendet, kann man das 20 cm hohe Blatt mit vier Strichen überziehen, mit einem zweieinhalbzölligen in drei Strichen. Man erkennt, wie viel vorteilhafter ein breiterer Pinsel ist. Man muß nun vor allem vermeiden, zuviel Farblösung in den Pinsel zu nehmen. Wenn man nur das nötige Quantum genommen hat, so braucht man nur noch drei bis vier Striche von oben nach unten mit geringerem Drucke über das Papier zu führen, damit die horizontalen Streifen verschwinden. Die Präparation des Blattes ist vollendet, sie hat keine halbe Minute gedauert. Wenn man dagegen zuviel Flüssigkeit auf das Papier gebracht hat, muß man länger streichen und erhält doch kein gutes Resultat. Man fühlt es an dem Haften des Pinsels beim Überstreichen, wann man aufhören muß, auch in dem Falle, daß noch keine völlige Gleichmäßigkeit hergestellt ist. Würde man, wenn das Gummi schon zu sehr getrocknet ist, noch weiter streichen, so würde der Pinsel jetzt die Farbe wegreißen.

Wenn es nicht gelingt, mit einem einzigen Pinsel eine einigermaßen gleichmäßige Farbschicht auf das Papier zu bringen, kann man einen trockenen Vertreiber zu Hilfe nehmen. Unter ganz leichtem Druck führt man ihn, solange die Lösung noch flüssig ist, in raschen kreisförmigen Bewegungen oder auch hin- und herfahrend, über das Papier. Man kann ihn auch in der Art gebrauchen, daß man ihn tupfend, von oben nach unten leicht auf das Papier aufstoßend, über die noch feuchte Farbschicht leitet. Wenn die Gummifarblösung noch zu feucht ist, entsteht dabei eine grobe Körnung, die immer feiner wird, je trockener die Farbschicht wird.

Das fertig gestrichene Blatt stellt man nun mit der Pappe, auf der es befestigt ist, zum Trocknen weg. Nun muß Tageslicht ferngehalten werden. In einem trockenen verdunkelten Zimmer ist das Papier in zwanzig Minuten lufttrocken. Dann legt man es einzeln in einen dunkeln Schrank, damit es ganz trocken wird. Bei feuchtem Wetter muß man künstliche Wärme zu schnellerem Trocknen zu Hilfe nehmen; dazu genügt schon die strahlende Wärme einer größeren Lampe. Am Ofen trocknet das Papier noch schneller, doch muß man zu große Hitze vermeiden, da sie die Farbschicht unlöslich macht. Erwärmung bis zu 50° C. ist unschädlich. Rasches Trocknen ist zur Erzielung eines guten Druckes wesentlich.

Wie das erste Blatt präpariert man die anderen. Vor jedem Eintauchen des Pinsels rührt man die gemischte Lösung sorgfältig um, damit die Farbe sich wieder gleichmäßig verteilt. Das ist zumal bei spezifisch schweren Farben nicht außer Acht zu lassen.

Wenn man alle Blätter gestrichen und das Papier zum Trocknen weggestellt oder frei aufgehängt hat, reinigt man die Pinsel sorgfältig durch Spülen im Wasser. Der Vertreiber läßt schnell Farbe und Chromat fahren. Schablonier- und Auftragpinsel müssen längere Zeit in einem Becherglase wässern, um wieder völlig sauber zu werden. Wenn man den Vertreiber bald wieder verwenden will — nur trocken erfüllt er seinen Zweck — so kann man das Trocknen durch kurzes Eintauchen des unteren Teils der Haare in Alkohol und Ausschwenken beschleunigen. Der Rest des Aufstrichsgemisches wird weggegossen und auch der Farbnapf gereinigt.

Wenn man das völlig getrocknete Papier — es muß einen harten Klang geben — in der Aufsicht betrachtet, kann man beurteilen, ob alles gelungen ist. Auch wenn Lampenschwarz als Farbe genommen ist, sieht das richtig präparierte Papier nicht schwarz, sondern grüngrau aus. So stark wirkt das orangegelbe Chromat auf den Ton verändernd ein. Wenn man einen Bleistiftvermerk, den man vor dem Präparieren gemacht hat, durch die Farbschicht hindurch lesen kann, ist der Aufstrich genügend dünn. Der Anfänger versuche so wenig wie möglich von dem Farbgemisch auf jedes Blatt aufzutragen, dann wird er am leichtesten auch dunklere Flecke und Streifen vermeiden, die das fertige Bild entstellen würden. Fortschreitende Übung wird bald befähigen, dünn und gleichmäßig zu streichen.

Zumal bei einem neuen Pinsel kommt es vor, daß das klebrige Gummi einzelne nicht ganz fest sitzende Haare aus dem Pinsel herauszieht, die man dann plötzlich auf der Farbschicht erblickt. Man entfernt sie, indem man sie mit einem kleinen Pinsel mit steifen Borsten abhebt, dazu kann man den Schablonierpinsel gut verwenden.

Die Farbmenge, die der Gummi- und Chromatlösung zuzusetzen ist, schwankt stark. Lampenschwarz erfordert 0,6 g zu 15 ccm Gummichromatlösung, Paynes Grau 1 g, Grün (aus ⅓ Zinnobergrün und ⅔ Chromgelb bestehend) 1¼ g, Caput mortuum 1,8 g, Umbra, Terra Siena, auch gebrannt 2,4 g. Alle Angaben beziehen sich auf Temperafarben von Schmincke. Es sei daran erinnert, daß Abwägen nicht öfter nötig ist, wenn man das Quantum der aus der Tube herausgedrückten Farbe nach Zentimeterlänge schätzt und verzeichnet.

3. Die Belichtung.

Es ist schon gesagt worden, daß jedes Negativ, das mit einem der gebräuchlichen Positivpapiere ein Bild gibt, für die hier behandelte Art des Gummidruckes auch verwendet werden kann. Für die ersten Versuche wähle man aber weder ein überexponiertes flaues noch ein unterexponiertes hartes, sondern ein möglichst harmonisches mit gut durchgearbeiteten Schatten und nicht zu dichten Lichtern. Die ersten Probeversuche könnte man auch ganz ohne Negativ anstellen, indem man einen Streifen Farbpapier unter der Skala des Photometers belichtet. Doch erkennt der Anfänger die Qualität eines Druckes besser an einem Bilde. Es ist sehr zu empfehlen, mit demselben Negativ eine größere Anzahl von Drucken in derselben Farbe herzustellen, und dann erst zu einem anderen Negative überzugehen, da man so die Ursachen etwaiger Mißerfolge leichter ergründet.

Papiernegative, die auf dem von verschiedenen Fabriken in vorzüglicher Güte gelieferten Negativpapier direkt oder durch Vergrößerung hergestellt sind, sind für den einfachen Gummidruck durchaus zu empfehlen. Ein Mangel im Umfange der Tonskala wird durch den Gummidruck völlig aufgehoben. Nur für die ungünstigen Lichtverhältnisse im Winter ist ein Einfetten zur Erhöhung der Durchsichtigkeit angebracht.

Wenn in gedämpftem Licht das lichtempfindliche Gummidruckpapier in dem Kopierrahmen unter das Negativ gelegt ist, kann die Belichtung beginnen. Wie schon S. 40 erwähnt, kann man nach Belieben Sonnen- oder zerstreutes Tageslicht anwenden. Zu gleicher Zeit wird ein mit Celloidinpapier beschickter Photometer exponiert. Wie lange soll man nun belichten? Das höchste Ziel des Anfängers darf nicht sein, sofort ein richtig exponiertes Bild zu erhalten. Er muß verschieden lange belichtete Papiere entwickeln und erkennen, was eine Unter-, eine Über- und eine richtige Belichtung ist. Daher wird er sein Negativ in verschiedenen Teilen verschieden lange kopieren. So mag er, wenn der Vogelsche Photometer 13, die Fernande 2 Grad zeigt, ein Drittel des Negatives vor Lichtzutritt durch Bedecken schützen, wenn das Photometer 14, die Fernande 4 Grad zeigt, das zweite Drittel bedecken und dann die Belichtung fortsetzen bis das Photometer 22, die Fernande 7 Grad zeigt. Beim Ceco-Photometer wird man 11, 13, 17 Grad kopieren. Der mittlere Streifen des Negativs wird dann wahrscheinlich richtig belichtet, der erste unter-, der zweite überbelichtet sein.

Die Entwicklung der Gummidrucke ist eine so wandlungsfähige, daß auch aus dem überexponierten Streifen durch zweckmäßiges Vorgehen noch ein zufriedenstellendes Bild erhalten werden kann. Dagegen gibt es kein Mittel, einen unterexponierten Druck zu einem guten Bilde zu entwickeln; entweder wird er überhaupt kein Bild geben, oder nur die tiefsten Schatten werden auf dem Papier bei der Entwicklung haften bleiben.

Wenn man durch kaltes Wasser das Bild sich automatisch von selber entwickeln lassen will, ist die Kopierzeit eine viel geringere, als wenn wir andere Mittel wählen. Dann braucht man nur relativ kurz belichten, kürzer als bei Celloidinpapier. Wenn man unter dem Negativ und zugleich im Photometer ein Stück Celloidinpapier belichtet, muß man Obacht geben, wenn gerade ein in der Aufsicht richtiges Bild erschienen ist, das noch keine Bronzen zeigt. Wenn man sich den Photometergrad merkt, weiß man, daß bei einem Gummidruck, der dünn mit Lampenschwarz gestrichen ist, bis zum selben Grade belichtet werden muß.

Wenn andere Farbtöne gewählt werden, gilt nicht derselbe Photometergrad, Braun braucht mehr Belichtungszeit als Schwarz, noch mehr Rot, grüne Töne kopieren schneller, am schnellsten blaue. Das hängt ab von der chemischen Intensität der verschiedenen Spektralbezirke im Tageslicht und der Stärke der Färbung der Gummischicht.

Vor einer Unterexposition haben wir gewarnt; aber auch eine Überexposition muß vermieden werden. Mit der Stärke der Belichtung wächst auch das braune Chromatbild, das durch Klären nur gemildert, nicht entfernt werden kann und fast alle Farbtöne ungünstig beeinflußt.

Um von harten Negativen auch Einzelheiten in den Lichtern zu erhalten, belichte man das Papier vor oder nach der normalen Exposition noch einmal in geringem Grade. Dazu legt man das Papier ohne Negativ glatt in den Kopierrahmen und belichtet es kurze Zeit, bei nicht zu harten Negativen etwa so lange, bis Celloidinpapier deutlich anläuft. Das führt sicherer zu guten Ergebnissen, wie das Liegenlassen des kopierten Papieres in nicht zu trockener Luft, wodurch ein Fortschreiten der Lichtwirkung bewirkt wird, das aber nicht nach Wunsch abgestuft werden kann.

4. Die Entwicklung.

Die Entwicklung eines Gummidrucks darf im vollen Tageslicht erfolgen. Wir wollen sie zuerst sich ganz mechanisch vollziehen lassen, indem wir wie bei den anderen Kopierverfahren nicht eingreifen. Diese Art wollen wir als die objektive bezeichnen, im Gegensatze zu der subjektiven, die nicht das Negativ und seine Tonwerte genau wiederzugeben trachtet, sondern daran zu ändern und sie zu beeinflussen sucht. Die subjektive Entwicklung hat den Gummidruck zu einem künstlerischen Verfahren gemacht. Auf ihr beruht ein großer Teil der Wertschätzung, der er sich zu erfreuen hat. Aber wir dürfen nicht damit beginnen, in sie einzuführen, sondern müssen schrittweise uns in die verschiedenen Möglichkeiten der Entwicklung einarbeiten. Zunächst muß man die einfachste objektive Entwicklung sich zu eigen machen. Dann müssen Vorübungen und Versuche folgen, sich mit den verschiedenen Methoden im allgemeinen vertraut zu machen, damit man lernt, Fehler der Belichtung, des Aufstriches zu verbessern. Dann kann man sich in einen bestimmten Arbeitsvorgang einarbeiten. Den wird man im allgemeinen wählen, aber häufig auch wieder zu einer Abart greifen, wenn sie der künstlerischen Absicht mehr entspricht. „Viele Wege führen nach Rom."

Zur einfachsten objektiven Entwicklung des kopierten Druckes braucht man weiter nichts als eine Schale mit Wasser von Zimmertemperatur. Ganz mechanisch wollen wir vorerst die Entwicklung sich vollziehen lassen. Wir legen ein Stück unbelichtetes Gummipapier, ferner das Blatt, das wir, wie oben angegeben, in seinen Teilen auf 12, 14, 22 Grad kopiert hatten, hinein und bewegen die Schale etwas, damit Luftblasen entweichen können. Das Wasser wird sich bald von den Chromaten des Papiers gelb färben. Nach 5 Minuten legen wir das Blatt und den Abschnitt in eine andere mit reinem Wasser gefüllte Schale mit der Schichtseite nach unten, indem wir Luftblasen darunter sorgfältig zu vermeiden suchen, und gießen das erste Waschwasser weg. In der zweiten Schale ist das Chromat nun schon soweit verdünnt, daß wir ohne Schaden mit dem Finger hineinfassen können.

Schon in dem ersten Waschwasser hat der Streifen unbelichteten Papiers etwas Farbe fahren lassen, sein Ton ist heller geworden. Schnell löst sich die Farbe nun mehr und mehr, wenn er gut gestrichen war, an allen Stellen gleichmäßig, bis das weiße Papier wieder hervorgetreten ist.

Wenn aber der Papiergrund eine Färbung behält, so rührt das, wenn das Papier genügend geleimt war, her von einem zu großen Gehalt an Farbe im Verhältnis zur Gummi- und Chromatlösung. Denn wenn man Farbe allein, wie in der Aquarellmalerei, in wäßriger Lösung auf das Papier bringt und trocknen läßt, kann man durch Waschen später auch nicht mehr einen rein weißen Papiergrund wieder herstellen. Man muß also, wenn man reine Weißen haben will, mehr Gummi in die Farblösung hineinnehmen.

Es kommt nun auch vor, daß von dem weißen Papierabschnitt streifenförmige Farbspuren nicht heruntergehen wollen. Sie haben ihren Ursprung in mangelhaftem Streichen. Durch zu starken Druck sind Farbpartikel in die oberste Papierschicht hineingedrückt. Bei vorpräpariertem Papier findet man diesen Fehler selten.

Zuweilen läßt der unbelichtete Abschnitt die Farbe nicht gleichmäßig, sondern in schuppenförmigen Stückchen fahren, zumal wenn man den Probestreifen vom Rande eines Blattes schneidet, wohin der Pinsel beim Streichen den Überschuß der Lösung gebracht hat. Die Ursache liegt hier also in der allzu dicken Farbschicht.

Von dem unter dem Negative belichteten Blatte hat sich nun auch schon Farbe gelöst. In dem unterbelichteten Drittel ist ein Bild erschienen. Es scheint aber sehr flau zu sein, in den Tiefen fehlen noch die Einzelheiten; aber es ist nur Schein. Das Bild löst sich bald ganz auf bis auf Überreste der tiefsten Schatten. Im mittleren Drittel schreitet die Wirkung des Wassers auf die Bildschicht nur langsam vor. Schon ist eine halbe Stunde vergangen, und vom Bilde zeigen sich erst die Lichter. Wir lassen das Blatt ruhig weiter im Wasser liegen; das Bild kommt allmählich heraus; in ½—2 Stunden ist der Druck rein mechanisch fertig geworden. Wir nehmen ihn heraus, schneiden das letzte Drittel ab und hängen ihn zum Trocknen auf. Wenn man das überexponierte Drittel einige Stunden gewässert hat, dann zeigen sich vielleicht die höchsten Lichter, wie lassen es die Nacht im Wasser; aber das Bild will nicht fertig werden.

Nun versuchen wir stärkere Mittel, lauwarmes und heißes Wasser. Wir spüren sofort eine energische Wirkung. Die Lichter lösen sich, aber auch die Schatten; wenn nicht das ganze Bild abschwimmt, entsteht doch nur ein flaues Bild. Das erklärt sich daraus, daß durch das lange Bad die Schicht durch und durch gelockert war, so daß die Differenzen der Löslichkeit durch das lange

Quellen im Wasser fast ganz wieder verloren gegangen waren.

Dieselbe Erfahrung macht man, wenn man jetzt Sägemehl in das Wasser bringt, damit es die überflüssige Farbe abscheuere, oder mit dem Strahl eines Zerstäubers die ganze Bildschicht bespritzt.

Daraus folgt, daß man stärkere Mittel nicht mehr anwenden darf, wenn die Schicht schon zu sehr gelockert ist.

Dagegen ist im Anfangsstadium des Entwickelns der Gebrauch zumal des Zerstäubers sehr angebracht, um die Dauer der Entwicklung abzukürzen. Wir sprechen hier nur von der objektiven Entwicklung des ganzen Bildes, nicht von lokalen Einwirkungen.

Angenommen, die Kopierdauer des mittleren Drittels des Probeblattes sei richtig gewesen; man kopiere nun ein zweites Blatt bis zu der gleichen Photometerzahl. Wenn nun die höchsten Lichter im Wasser erscheinen, wird es herausgenommen. Wenn man die Schichtseite nach unten gelegt hat, muß man bei dem Nachsehen vorsichtig sein, daß nicht der Boden der Schale oder ihr Rand die Schicht verletze. Daher sind nur Schalen mit glattem Boden zu empfehlen, in die man ziemlich viel Wasser gießt. Man kann auch das Blatt mit der Schichtseite nach oben sich entwickeln lassen. Zur Beurteilung, wie weit die Entwicklung gediehen ist, muß man das Blatt, ehe man es betrachtet, ein paar mal durch das Wasser ziehen, damit der überflüssige Farbschlamm entfernt wird. Wenn man das Bild in Umrissen erscheinen sieht, nimmt man das Blatt heraus, legt es auf den Boden einer größeren flachen Schale, die schräg auf eine Art Staffelei gestellt wird, so daß das überflüssige Wasser aus einer Ecke in einen darunter stehenden Eimer laufen kann. Für Versuche genügt das; sonst ist die Anschaffung einer Blechplatte mit umgebogenen Rändern ratsam, an der man bequemer arbeiten kann. Der Zerstäuber soll das Bild schnell hervorholen; er ist ein gewöhnlicher Parfümzerstäuber mit Doppelballon als Gebläse. — Aber der feine Wasserstrom kann noch nicht alles Überflüssige weglösen. Daher legt man den Druck wieder in das Wasser zurück und versucht nach zehn Minuten noch einmal, ob nun wieder Farbe heruntergeht. Löst sich jetzt nichts mehr, dann war überexponiert. Es hat nun keinen Zweck, öfter den Zerstäuber zu versuchen. Man läßt den Druck ruhig in kaltem Wasser liegen, ob er sich nicht langsam von selbst entwickelt. Wenn nämlich nicht richtig exponiert wurde und die Wirkung des Zerstäubers eine stärkere ist oder er öfter angewandt wird, so greift er die Lichter mehr an als die Schatten und verringert die Gradation, schädigt meistens den Charakter des Bildes.

Ebenso wirkt wärmeres und heißes Wasser. Es gleicht eine Überexposition aus, aber — die Tonskala wird verkürzt.

I.	II.
	Schwarz
	9
Schwarz	10
11	11
12	12
13	13
14	14
15	Weiß
16	
17	
Weiß	

Eine schematische Darstellung mag das verdeutlichen. Von einem Blatte sind zwei Streifen Gummichromatpapier geschnitten und zugleich in zwei Photometern gleich lange belichtet.

Der in kaltem Wasser entwickelte Photometerstreifen I zeigt — als Farbe Schwarz angenommen — unter Grad 1—11 gleichmäßige Schwärzung, von 12—16 Halbtöne und Lichter, unter Grad 17 reines Weiß. Der in warmem Wasser entwickelte Streifen II zeigt unter 1—9 Schwarz, von 10—13 Halbtöne, unter 14 reines Weiß. Streifen I gibt 7 Stufen, Streifen II nur 6 Stufen.

Die ganze Skala ist in II um 2—3 Töne gegen das dunkle Ende hin verschoben.

Die D a u e r der Einwirkung des Wassers beim Entwickeln hat auch die Wirkung, die Skala gegen den dunklen Teil zu verschieben ohne stärkere Verminderung der Gradation. Es ist daher durch längere Dauer des Weichens im Wasser wie durch höhere Temperatur möglich, die höchsten Lichter in der Skala dahin zu legen, wo bei kalter Entwicklung die Tiefen lagen.

Die Entwicklung beim Gummidruck beruht auf der verschieden starken Löslichkeit des Gummis, das in den Schatten stark, in den Halbtönen immer weniger unlöslich geworden ist. Man sieht bei Versuchen deutlich, wie durch das Aufweichen auch in ganz reinem Wasser die Lichter erst aufquellen und dann sich lösen und wie die Halbtöne folgen. Es bedarf gar keiner mechanischen Mittel, die die aufgequollene Masse abscheuern und abreiben.

Daneben geht noch ein anderer Prozeß her. Das chromsaure Chromoxyd (Chromsuperoxyd) wird durch gewöhnliches Wasser schon zu Chromoxyd reduziert, das das Gummi weniger stark gerbt als das erstere. Durch langes Weichen geht also die Unlöslichkeit des belichteten Gummis immer mehr zurück. Wenn man 1—2 pCt. Soda zum Entwicklungswasser setzt, wird die Lösung sehr beschleunigt; Natriumbikarbonat löst nicht stärker als Natriumkarbonat; ähnlich wie Alkalien wirken Säuren. Man kann z. B. mit 1 prozentiger Salzsäure das Chromatgummibild abschwächen und völlig auflösen. Doch das vertragen nur wenige Farben, Lampenschwarz, Umbra, Vandyckbraun.

Es ist zwecklos, zum direkten Pigmentdruck Gummi zu nehmen und dann doch heiß zu entwickeln wie bei

Gelatinebildern. Die kräftigsten und frischesten Bilder erhält man im Gummidruck bei kalter Entwicklung.

Auch die Rücksicht auf das daneben entstehende Chromatbild sollte uns veranlassen, Überexposition und Entwicklung mit heißem Wasser zu vermeiden.

Ist einmal ein Druck versehentlich überkopiert worden, so lege man ihn nach dem Wässern sofort in das 8 prozentige Alaunklärbad. Nach einer Viertelstunde ist er meistens genügend erweicht, das Bild ist entwickelt und zugleich geklärt. So wird auch ein Bad gespart.

Wenn man von einem Negativ mehrere Drucke gleichförmig in kurzer Zeit herstellen will, wählt man immer die geringste zulässige Exposition, damit man mit Wasser von höchstens 25 Grad jeden Druck in etwa 10 Minuten automatisch sich entwickeln lassen kann. Wenn man in der Sonne kopiert und die Blätter in lauwarmem Wasser von 20—25 Grad sich selber entwickeln läßt, vermag man in 2 Stunden 30 Abzüge herzustellen. Zur Reproduktion von Holzschnitten und Plänen mit geringer Tonskala braucht man noch weniger Zeit. Die Entwicklung kürzt man ab durch Schaukeln der Schale.

Länger muß man kopieren, wenn man die Entwicklung der Schicht durch allerlei Mittel beschleunigen will. Der Zerstäuber ist oben schon genannt. Die Schicht muß stärker gehärtet sein, wenn sie dem Sprühregen der auffallenden Wassertröpfchen widerstehen soll. Bei einem Bilde, das nur für Weichenentwicklung — für Weichenlassen im Wasser — belichtet ist, würde der Zerstäuber die lichten Halbtöne fortspülen. Nur wenn er gegen den eben erst genäßten Druck gerichtet wird, wirkt er gefahrlos. So kann man dann die höchsten Lichter ausspritzen, ohne die helleren Töne zu schädigen — doch das gehört schon zur subjektiven Entwicklung. Je näher heran man die Düse an das zu entwickelnde Bild führt, je intensiver ist die Wirkung. Man halte sie also anfangs genügend weit entfernt, übergehe das ganze Bild streifenweise aus etwa 30 cm Entfernung mit dem Sprühregen und nähere sich, wenn die Wirkung nicht genügt, langsam der Schicht.

Ein mit dem Zerstäuber entwickelter Druck zeigt eine stärkere Körnung, eine weniger geschlossene Schicht wie ein selbst entwickelter.

Das Abschleifen mit einem Bausche gereinigter Watte (Verbandwatte) erfordert starkes Überkopieren, erhält aber auch in den Lichtern die geschlossene Schicht.

Selbstentwicklung gibt die feinkörnigsten Bilder, der Zerstäuber die grobkörnigsten. Das größte Korn erhält man, wenn man viel Gummi in das Gemisch nimmt, nicht zu sehr überkopiert und kräftig spritzt.

Wer sich in verschiedenen Versuchen Übung im objektiven Entwickeln erworben und die Wirkung der verschiedenen Hilfsmittel erkannt hat, wird wohl nicht dabei stehen bleiben, sondern zur subjektiven weiterschreiten.

Man hat z. B. nach einem harmonischen Negativ eine Landschaft belichtet, die schöne Wolkengebilde zeigte, die aber bei den anderen Positivverfahren fast verschwanden. Wenn man nun bei der Entwicklung die ganze Pracht vor sich sieht, nur die Landschaft noch zu dunkel im Ton, wird uns das Gefühl zwingen, mit dem Zerstäuber den Himmel zu verschonen, nur von der Landschaft überflüssige Farbe herunterzuspülen.

Das ist einfacher, als im Negative die Landschaft mit rotem Lack zu überziehen.

Wenn man so lokal bei der Entwicklung vorgehen will, kann der einzige Leitstern das künstlerische Gefühl sein. Deshalb kann man auch keine Anweisung geben, in welchem Falle und wie weit man so vorgehen kann. Nur die verschiedenen Mittel müssen wir noch hier betrachten.

Wer das Negativ exakt wiedergeben will, auch in seiner Unzulänglichkeit in der oft falschen Wiedergabe von Tonwerten, der kann rein zwangläufig sich die Entwicklung vollziehen lassen; wer aber Tonwerte im Positive nach seinem Gefühle ändern will, kann es auch, der Gummidruck leistet alles, es kommt nur darauf an, wie man ihn handhabt. Im Anfange wird man sich an das Zwangläufige halten, später von der ausgedehnten Freiheit, die er gewährt, Gebrauch machen.

Schwamm und Pinsel werden vornehmlich zur lokalen Abschwächung von Tönen gebraucht. Beide kann man aber auch zu rein mechanischer Entwicklung benutzen. Den Gebrauch des Schwammes haben Maskell und Demachy besonders empfohlen. In deutschen Veröffentlichungen wird er kaum genannt, desto mehr der Pinsel.

Die Wirkungsweise aller dieser Beförderungsmittel der Entwicklung ist die gleiche. Man muß sich bei ihrer Anwendung sehr vorsehen, die leicht verletzlichen Lichter wegzunehmen. Während die Schatten schon einen starken Eingriff vertragen, sind die Lichter äußerst empfindlich. Man wird daher im allgemeinen, wenn man solche Mittel anwenden will, etwas überexponieren. Dann darf man sogar ungestraft, wenn die Kopier im Wasser liegt, mit einem Pinsel das ganze Bild durch Abstreichen des Farbenschlammes entwickeln. Man kann auch durch Tupfen senkrecht auf die Schicht des im Wasser befindlichen Blattes das Bild schneller herausholen.

Auch bei lokaler Einwirkung kann man immer nur etwas von der Farbe wegnehmen, Töne aufhellen, dagegen nichts hinzutun.

Dies ist einzig möglich, wenn man eine fertige, in den Lichtern etwas harte Kopie eine Zeitlang in der aufgerührten Lösung von Farbenschlamm liegen läßt, indem sich dann ein leichter Ton auf das ganze Bild legt.

Bei der Entwicklung ist Ruhe und Geduld ein Haupterfordernis. Lieber lasse man ein überexponiertes Bild eine ganze Nacht zur Selbstentwicklung in kaltem Wasser liegen, oder wende das Alaunbad an, als das Herauskommen des Bildes mit heißem Wasser zu beschleunigen.

Wenn man die Bilder im Wasser aus irgendeinem Grunde sich selber überlassen muß, aber begründete Furcht hat, daß sie schneller abschwimmen werden, als man sich ihrer wieder annehmen kann, so hebt man sie, sobald das Bild in rohen Umrissen erschienen ist, aus dem Bade und hängt sie zum Trocknen auf. Wenn man Zeit hat, legt man das Bild wieder ins Wasser. Zur weiteren Entwicklung muß man nun freilich energischere Mittel anwenden, z. B. das Alaunbad.

Ein ausentwickeltes, einmal getrocknetes Bild ist in einem späteren Wasserbade unlöslich. Welchen großen Vorteil das hat, werden wir beim mehrfachen Druck sehen.

5. Die Fertigstellung des Druckes.

Nachdem der fertige Druck durch sanftes Abspülen von anhängenden Farbspuren gereinigt ist, wird er frei zum Trocknen aufgehängt. Sobald er völlig trocken ist, betrachte man ihn genau in der Durchsicht und Aufsicht daraufhin, ob das Papier noch lösliche Chromate enthält. Hatte die Entwicklung nur kurze Zeit gedauert, so zeigt das Bild noch einen gelben Schein, der von ungelöstem Chromat herrührt. Das muß sobald als möglich entfernt werden. Hat man aber viele Stunden lang entwickelt, wenn auch nur in kaltem Wasser, so gibt das Bild reine Weißen, auch in der Durchsicht, und man kann es als endgültig fertig betrachten. Freilich zeigt der Druck nicht ganz die Nuance, die er ungemischt hatte. Lampenschwarz hat einen grünlichen Stich erhalten. Blau sieht schmutzig und unrein aus. Woher kommt das?

Auch wenn man alle Reste von löslichem Chromat durch vielstündiges Wässern entfernt hat, wird doch der ursprüngliche Ton der Gummifarbmischung nicht wieder hergestellt; denn unter dem Farbbild sitzt ein kräftiges braunes Chromsuperoxyd oder ein grünliches Chromoxydbild oder eine Mischung von beiden.

Um sich von seiner Intensität eine richtige Vorstellung zu machen, belichte man ein mit Gummichromatlösung überzogenes Blatt bis zu einem normalen Kopiergrade mit oder ohne Negativ. Man wird von der Stärke des Bildes überrascht sein. Es besteht aus braunem Chromsuperoxyd. Zu braunen Farbtönen würde das Chromatbild gut stimmen, aber es ist von großer Unbeständigkeit. Zehn Stunden Sommersonne können es zu graugrünlichem Chromoxyd reduzieren. 24 Stunden wässern in kalkhaltigem Wasser hat dasselbe Ergebnis. Alkalien wie Säuren zersetzen es schneller. Es empfiehlt sich, die Reduktion zu Chromoxyd durch ein Klärbad vorzunehmen.

Nicht alle Farbstoffe ertragen starke Eingriffe. Daher wendet man meistens ein langsam wirkendes Alaunbad an. Wenn wir es, wie oben Seite 44 angegeben, 8 proz. wählen, ist das Chromatbild in etwa zwei Stunden umgefärbt. Nur Ultramarin würde sich in diesem Bade zersetzen. Bilder, die diesen Farbstoff enthalten, kann man am Sonnenlicht oder durch schwach alkalisches Wasserbad klären. Sehr starke Chromatbilder erfordern ein längeres Weichen; man kann das Bild über Nacht in der Lösung lassen. Die Schicht wird dann wieder ziemlich weich und erträgt keine heftige Behandlung. Mit dem Pinsel kann man dann noch bei der Entwicklung Versäumtes nachholen. Daher bringt man auch mit Vorteil, wie schon gezeigt, überkopierte Bilder aus dem Wasserbade sofort in das Alaunbad, läßt sie sich darin zu Ende entwickeln und zugleich klären.

Schneller als Alaun wirkt Natriumbisulfit, das man in 2 prozentiger Lösung verwendet. Man muß sie jedesmal frisch ansetzen. Daher zieht der Verfasser das öfter verwendbare Alaunbad vor, das zugleich auch das Papier härtet.

Sowohl nach dem Alaun- als auch nach dem Bisulfitbade muß das Bild je 10 Minuten in dreimal gewechseltem Wasser gewaschen werden. Stärkere Papiere halten die Klärlösungen länger fest als schwächere.

Das Chromoxdbild, das jetzt unter dem Farbbilde liegt, kann nicht aus dem Bilde entfernt werden, ohne dieses mit aufzulösen. Man muß daher vermeiden, zuviel Bichromat in die Präparationsmischung zu nehmen, vor allem aber zu sehr überzukopieren. Wenn man ein Bild kopiert, bis Vogels Photometer 24 Grad zeigt, ist das bleibende Chromatbild zehnmal so intensiv, als wenn man normal bis 14 Grad belichtet.

Das endgültig getrocknete Bild wird nun einer genauen Durchsicht unterzogen. Fehlstellen werden, wenn nötig, ausgebessert. Weiße Flecke in der Farbschicht werden mit einem dünnen feinen Pinsel in richtigem Ton mit einem Gemisch von Gummi, Farbe und einigen Tropfen 5 prozentiger Chromalaunlösung ausgefüllt.

Mit einem gleichen Gemisch, aber mit einem sich etwas abhebenden Ton kann man auch ein gelungenes Bild in einer unteren Ecke an passend gewählter Stelle unauffällig mit seinem Namenszuge versehen. Bei dunklen Bildfarben kann mit die Signierung durch Zusatz von Kremserweiß heller halten; ein Abheben kann man aber auch durch intensiveren Ton bewirken.

Über Einrahmung hier etwas zu sagen, erscheint dem Verfasser nicht angebracht. Kurze Andeutungen könnten kaum genügen. Nur auf einen Umstand möchte er noch hinweisen, weil er meistens übersehen wird. Ähnlich wie das Chromatbild beeinflußt auch das zur Rahmung verwandte Glas häufig in ungünstiger Weise den Ton des Bildes. Je nachdem es mehr bläulichgrün oder grünlich ist, ändert sich die Wirkung; man erkennt sie, wenn man nur eine Hälfte eines Bildes mit einer Scheibe verschiedener Glasarten bedeckt.

IV. Technik des mehrfachen und mehrfarbigen Gummidrucks.

A. Das Kopieren von mehreren Negativen.

Solange man nur den einfachen Gummidruck kannte, war es schwer, den ganzen Tonreichtum eines harmonischen Negativs wiederzugeben; ein einfacher Druck konnte nur einen Teil der Tonskala enthalten. Wenn man auf die Schatteneinzelheiten hin belichtete und entwickelte, gingen die Lichter und Mitteltöne verloren; exponierte und entwickelte man für die Lichter, so erhielt man breite, schwere Schattenmassen. Abhilfe schaffte da die Möglichkeit, auf einen Gummidruck einen zweiten und dritten von demselben Negativ aufzudrucken. Das kann man, denn die Schicht des ausentwickelten, einmal getrockneten Gummidruckes ist nun in Wasser unlöslich. Es würde keinen Zweck haben, zwei Bilder von g l e i c h e m Charakter übereinander zu drucken. Daher gibt man ihnen durch verschiedene Belichtung und Entwicklung eine verschiedene Tonskala. So kann man zuerst nur für die Schatten kopieren, also kürzer und ein hartes Bild herstellen, in dem die Lichter gänzlich fehlen. Den getrockneten Druck präpariert man dann noch einmal, genau wie das erste Mal mit derselben Farbgummichromatlösung und belichtet solange, daß die Lichter bei der Entwicklung in kaltem Wasser erhalten bleiben. In dem fertigen Druck sitzt also ein weiches Bild über einem harten. In den Lichtern haben wir ein einfaches Bild, in den Schatten ein doppeltes; das ganze hat einen viel größeren Reichtum an Tönen wie ein einfacher Druck.

Der Gedanke, durch mehrfachen Druck alle Übergänge eines Negativs vom höchsten Licht bis zum tiefsten Schatten wiederzugeben, erscheint so einfach, daß man glauben sollte, man wäre bald auf ihn verfallen. Aber ein weiter Umweg hat erst zu ihm geführt. Zuerst haben wir den Dreifarbengummidruck und den einfarbigen Druck von mehreren Negativen, wie wir im historischen Teil Seite 19 ff. geschildert haben, entstehen sehen. Es erscheint daher angebracht, auch hier den historischen Gang zu gehen, und zunächst das Kopieren von mehreren Negativen zu besprechen.

1. Das Einkopieren von Wolken.

Nur zu leicht erhält beim einfachen Gummidruck mit objektiver Entwicklung einen rein weißen Himmel, denn die Lichter sind in einem harmonischen Negativ zu dicht, als daß sie auskopierten. Vor der Entwicklung die Wolken besonders zu kopieren, bereitet große Schwierigkeiten. Masken und Wolkennegativ lassen sich nach dem wenig sichtbaren Chromatbilde kaum richtig anlegen — ganz ähnlich wie beim Pigmentdruck. Nach der Entwicklung dagegen überstreicht man den trockenen Druck in den Lichtern noch einmal mit dem lichtempfindlichen Gummichromatgemisch, trocknet und belichtet dann unter dem Wolkennegativ. Der Aufstrich muß ein viel dünnerer sein, als der für die Schatten; man nimmt etwa nur den vierten Teil der Farbe, also bei Lampenschwarz 0,15 g auf 15 ccm Gummichromatgemisch, bei anderen Farben nach dem S. 52 angegebenen Verhältnis. Bei Zanders-Papier braucht man auch beim Wolkendruck das Papier nicht nachzuleimen, wenn der erste Druck kühl entwickelt ist. Bei heißer und alkalischer Entwicklung dagegen hat sich die Papierschicht so gelockert, daß ohne erneute Leimung auch die Lichter bei der Entwicklung gefärbt bleiben würden. Vorschriften über die dann nötige Leimung siehe weiter unten Seite 79.

Da man die Landschaft in ihrem Ton vor sich fertig sieht, kann man den Lichtton leicht mit ihr in Einklang bringen.

Man streiche nicht das ganze Blatt, sondern nur den Himmel. Wenn der Pinsel, den man passend kleiner wählt, etwas übergreift, kann man entweder eine schwarze Maske zum Abdecken ausschneiden und über die in ihren Umrissen gut sichtbare Landschaft legen. Einfacher aber ist es, von der halbtrockenen Schicht den Aufstrich, da wo man ihn nicht haben will, mit einem feuchten Pinsel zu entfernen. Fehlstellen gleicht man bei der Entwicklung oder im fertigen Bilde aus.

2. Der Kombinationsdruck.

Mit dem Namen Kombinations**einfarben**druck bezeichnete man besonders eine ganz neue Art des Gummidruckes, die den Kreisen des Wiener Kameraklubs entstammt. Damit ließ sich eine Feinheit der Töne und eine Brillanz erreichen, die man anfänglich dem Gummidruck nicht zugetraut hatte. Die ersten Bilder von H. **Henneberg** und H. **Watzek**, Wien, zeigte die Jubelausstellung des Kameraklubs im Februar 1898. Sie sind das Ergebnis der Kombination dreier einfarbiger Abdrucke von **drei** Negativen, die man für den **Dreifarbendruck** hergestellt hatte. Gegen die theoretische Richtigkeit hat A. Freiherr von **Hübl** im Märzheft der Wiener Ph. Blätter 1898 Einwendungen erhoben, die Dr. H. **Henneberg** zurückzuweisen versucht hat.

Die Diskussion darüber ist von weittragenden Folgen gewesen. Man versuchte bald auch von nur **zwei** Negativen verschiedenen Charakters eine reiche Folge von Tönen zu erhalten. Man ging dabei von folgendem Gedankengange aus:

Ein photographisches Negativ zeigt stets eine nur mangelhafte Wiedergabe der Töne der Natur. Ganz abgesehen von der falschen Reproduktion der Farbenwerte durch eine gewöhnliche Bromsilberplatte gibt auch die farbenempfindliche Platte bei richtiger Exposition die hellen Lichter zu hell, die dunklen Schatten zu dunkel wieder. Ein unterexponiertes Negativ zeigt zwar deutliche Einzelheiten in den Lichtern, gibt aber detaillose Schatten, eine überexponierte Platte gibt Lichter, die zusammengegangen sind, aber ausgebildete Schatten.

Daher ist der Gedanke naheliegend, ein langes und kurzes Negativ übereinander zu drucken. Das Resultat wird, wie A. Freiherr von Hübl sagt, „die Kopie vom normalen Negativ betüglich Wahrheit und Originaltreue oft wesentlich übertreffen. Bei einer solchen kombinierten Kopie sind die Lichter dem kurzen, die Schattendetails aber dem langen Negativ entlehnt, die beiden Bilder ergänzen sich in ihren extremen Eigentümlichkeiten und steigern gegenseitig ihre Brillanz. Dabei werden auch zufällige im Negativ oder im Kopierprozeß liegende Mängel ausgeglichen und die stets vorhandenen Fehler im Passen bedingen eine sympathisch weiche Formengliederung.

Statt Negative von verschiedener Exposition zu verwenden, kann man auch zwei gleich lang belichtete, aber verschieden entwickelte Platten benutzen."

Um sehr große Lichtkontraste wiederzugeben, gebraucht man Platten mit mehrfacher Schicht oder Isolarplatten. Aber nicht immer reichen sie aus. Als Beispiel nehme man an, man befinde sich am Rande eines dichtbewachsenen Gehölzes, im Waldesdunkel. Man will den Eindruck der Kühle und der Waldesdämmerung im Bilde wiedergeben; zwischen den Stämmen soll die sonnenbeglänzte Ferne erscheinen, darüber am blauen Himmel weiße Wolken ziehen. Technisch ist das eine sehr schwere Aufgabe. Der Vordergrund verlangt eine mehrere hundertmal längere Belichtung wie die Ferne. Daher werden die schnell fortziehenden Wolkenballen bei langer Belichtung zu viel von ihrer charakteristischen Form verlieren. Oder man will von einem dunklen Innenraum aus diesen selbst und den Blick auf die bewegte Außenwelt wiedergeben.

Dazu muß man zwei Aufnahmen schnell hintereinander machen von demselben Standpunkt aus auf feststehendem Stativ mit unverändertem Auszug, damit beide Negative genau gleich groß werden. Nach erfolgter Einstellung darf man die Schärfe nur noch durch Blendenwechsel regulieren.

Bei der Entwicklung der beiden Platten würde man so vorgehen, daß in dem lange belichteten Schattennegativ die Lichter gänzlich gedeckt, zugegangen sind; das Lichternegativ wird man möglichst zart halten.

Die Titelbeilage soll den Kombinationsdruck mit zwei Negativen erläutern. Das Bildchen „Sonnenschein" stammt aus dem Juni 1898.

Der Innenraum, aus dem heraus wir auf den sonnigen Hof sehen, erhält nur von vorn durch die Tür und die kleinen Fenster oberhalb Licht. Die Aufnahme wurde gegen die hochstehende Sonne gemacht. Um da Einzelheiten in den Schatten zu erhalten, wurde 8 Sekunden mit Blende f/18 auf Perutz Eosinsilberfilm 16/21 cm ohne Gelbscheibe belichtet. Der helle Hofraum mit dem vorbeilaufenden Huhn erforderte bei voller Öffnung f/6,3 nur eine Belichtung von $^{1}/_{30}$ Sekunde. Länger durfte sie nicht gewählt werden, um das sich schnell bewegende Huhn scharf zu erhalten. Nach ein wenig Warten glückte es, auch dieses, als es sich gerade an der richtigen Stelle befand, mit aufzunehmen.

Die beiden Negative unterscheiden sich charakteristisch voneinander. Keines von beiden gibt ein fertiges Bild. Das Schattennegativ ist hier nach einem einfachen Gummidruck in Paynes Grau, der sehr kurz belichtet wurde, wiedergegeben. Alle höchsten Lichter fallen aus und sollten ausfallen.

Das Lichternegativ ist nach einem einfachen Gummidruck in Terra Siena gebrannt reproduziert, der lange belichtet wurde. Die Schatten zeigen gar keine Einzelheiten, sie erscheinen als Silhouetten.

Wenn man beide Drucke übereinander legt, gegen das Licht hält und verschiebt, bis die entsprechenden Teile sich decken, dann hat man schon eher einen Eindruck der Wirklichkeit, wie sie dem Verfasser damals erschien.

Nur für Lehrzwecke sind die Einzeldrucke gefertigt. Im Bilde werden beide Negative nacheinander übereinander gedruckt.

Der Schattendruck mit Paynes Grau wurde, sobald er trocken war, mit Bichromatgummi und Terra Siena gebrannt dünn überstrichen, so daß der Unterdruck noch gut sichtbar war; auf das getrocknete Blatt wurde dann das Lichternegativ gelegt und im Kastenkopierrahmen durch Verschieben, ohne Masken zu benutzen, die genaue Deckung der entsprechenden Teile erzielt. Die Entwicklung geschah in Leitungswasser ohne subjektives Eingreifen.

Der Zusammendruck zeigt (in Verkleinerung) die ganze Platte. Die künstlerische Wirkung beeinträchtigt die Tür links etwas, aber hier kam es darauf an, nicht den richtigen Ausschnitt zu zeigen, sondern ein lehrreiches Beispiel zu geben. So würde sich es auch empfehlen, den Farbton der Terra Siena etwas zu brechen.

Die Bilderbeilage mag zugleich als Beleg für den mehrfarbigen Druck dienen; sie zeigt, wie zwei Töne, hier ein warmer und ein kalter, dazu dienen können, mehr auszudrücken, als eine einzige Farbe, hier die Empfindung warmen Sonnenscheins, dort die des kühlen Innenraums zu suggerieren.

3. Der Dreifarbengummidruck.

Die Möglichkeit im Gummidruck mehrere Bilder übereinanderzudrucken ist Veranlassung gewesen, daß das Prinzip der Dreifarbenphotographie auf den Gummidruck von H. Watzek übertragen wurde. Das Jahr 1897 hat die Bilder von Henneberg, Kühn, Ph. R. von Schöller auf der Hamburger Ausstellung einem größeren Kreise gezeigt, Bilder in Naturfarben. Zuerst sind von den genannten Größen der Kunstphotographie Stilleben, dann aber auch schon Landschaften aufgenommen worden. Die größten Schwierigkeiten liegen nicht in dem Druck, sondern in der Herstellung der drei Negative. Wer den Gummidruck in Naturfarben versuchen will, dem kann nicht dringend genug empfohlen werden, sich mit dem grundlegenden Werke des Freiherrn von Hübl, Die Dreifarbenphotographie mit besonderer Berücksichtigung des Dreifarbendrucks usw. 2. Auflage, Halle a. S., 1902, vertraut zu machen.

Man photographiert durch drei farbige Strahlenfilter und erhält dann drei Negative; von dem einen druckt man den gelben, von dem andern den roten, von dem dritten den blauen Anteil des Bildes nacheinander. Die Expositionszeiten sind beträchtlich. Aber wir können hier auf diese zum Negativverfahren gehörigen Verhältnisse nicht eingehen. Die Schwierigkeiten des Druckens der Positive in 3 Grundfarben, Gummigutt, Krapplack und Pariserblau, liegt einmal darin, daß man ein genaues

Passen der drei Teilbilder erreichen muß, vornehmlich aber darin, daß die Stärke des Aufstriches so abzustimmen ist, daß die Farben so wiedergegeben werden, wie man das Bild auch gemalt hätte. Mit einem dreimaligen Druck soll man nur selten zum Ziele kommen, meistens muß man öfter drucken.

Der Weg zum naturfarbigen Gummidruck ist ein weiter und schwieriger; nur wenige haben ihn beschritten. Aber gleich im Anfang ist künstlerisch sehr Hochstehendes geleistet worden.

Seitdem die Wiener sich dem mehrfachen ein- und mehrfarbigen Gummidruck zugewandt haben, weil, wie H. Watzek 1902 sagte: „die Mühe sehr groß war und der Erfolg weit hinter den Erwartungen zurückblieb", ist der Dreifarbengummidruck mit naturalistischer Wirkung völlig zurückgetreten. Ob ihn die neuen Fortschritte im Negativverfahren nicht wieder erwecken werden?

B. Das Kopieren von einem einzigen Negative.

Wir haben gesehen, daß der ganze Tonreichtum eines harmonischen Negativs mit einem einfachen Drucke nicht zu erhalten ist. Man wird zwar nicht bei jedem Bilde das ganze Negativ wiederzugeben brauchen, sondern bald auf diesen, bald auf jenen Teil der Töne verzichten wollen. Eine Nebelstimmung z. B. kann man mit einem einfachen Druck sehr gut geben, indem man in den größten Tiefen auf Kraft verzichtet, mit einem zarten Grau als stärkstem Ton ein flaues Bild druckt. Umgekehrt wird man auch große Beleuchtungsgegensätze sehr kontrastreich mit einem Druck wiedergeben können. Wie man drucken soll, erfordert in jedem Falle künstlerische Überlegung.

Daher müssen wir auch, wenn wir jetzt den mehrfachen Druck besprechen, davon absehen, Vorschriften zu geben, ob zwei-, drei- oder viermal gedruckt werden soll. Das hängt ganz von der künstlerischen Absicht ab, die man mit dem zu druckenden Bilde verfolgt.

Je mehr Farbschichten im fertigen Bilde übereinander liegen, desto sanfter sind die Übergänge vom höchsten Licht zum tiefsten Schatten. Ein solch vollendeter Druck ist dann ein Zeichen hoher Technik. Aber man braucht doch nicht in e i n e m Bilde alle Töne, ebensowenig wie in einem Musikstücke. Um z. B. eine bestimmte Abendstimmung wiederzugeben, kann man eine Abstufung der hellsten und eine der dunkelsten Töne verwenden und auf die mittlere Skala verzichten.

Das Übereinanderdrucken mehrerer Farbschichten beeinflußt ferner auch den äußeren Charakter des Bildes. Das Korn wird immer geschlossener. Zunächst schließen sich die Schatten zusammen, dann auch die Halbtöne und die Lichter. Die Materialcharakteristik des Gummidrucks tritt da sehr zurück: das Bild wird schwer und äußerst kräftig. Nicht immer wird man dieses wünschen. Daher empfiehlt es sich, mit möglichst wenigen Drucken auszukommen; zwei genügen oft.

Zuletzt leidet auch noch die Reinheit des Farbentones durch den mehrfachen Druck, da neben dem Farbbild immer ein Chromatbild entsteht. Wenn man sechs- bis zehnmal — und man liest, daß mancher noch öfter druckt — ein Bild nur aus Chromatgummi ohne Farbe übereinanderlegte, würde man über seine Kraft erstaunt sein. Das braune Bild wird nun zwar durch die Klärung in ein bläulichgrünes Chromoxydbild übergeführt, aber auch dieses beeinflußt das Farbbild sehr.

Man wird sich daher bemühen, mit wenig Drucken auszukommen; im folgenden haben wir als Beispiel drei angenommen. Wir werden zuerst den mehrfachen Druck behandeln, der in einem einzigen Farbenton gehalten ist, dann den mehrfarbigen, der auch ein mehrfacher ist, aber verschiedene Farbentöne verwendet.

1. Der mehrfache Druck.

Über die Materialien ist hier noch einiges nachzutragen. Die Papiere müssen verschiedene Bäder aushalten, daher haltbar und zähe sein. Man könnte unter allen Aquarell- und Zeichenpapieren frei wählen, mögen sie genügend geleimt sein oder nicht, wenn man sie selber nachleimte. Aber ein anderer Umstand beschränkt die freie Wahl. Nach dem Trocknen des ersten Druckes und dem zweiten Farbaufstrich muß das Blatt genau dieselbe Größe wie zu Beginn haben, damit die Drucke übereinander passen. Jedes Papier ist hygroskopisch. Aber es darf die dadurch bedingte Veränderlichkeit nur in sehr geringem Maße zeigen und muß daraufhin geprüft werden. Umfangreiche Erfahrungen haben gezeigt, wie Reinhertz in Lueger, Lexikon der Technik V. 466 in dem Artikel über Karten angibt, daß in dieser Hinsicht Büttenpapier, englisches von Whatman, deutsches von Zanders den übrigen Papieren überlegen ist. Die Maschinenpapiere zeigen in der Längs- und Querrichtung verschiedene Verzerrungen, wobei diejenigen in der Querrichtung im allgemeinen etwa doppelt so groß, wie die der Längsrichtung werden können. „Eine zu große Stärke und Schwere des Papiers ist nicht günstig; schwächere Papiere haben teilweise ein viel gleichmäßigeres Verhalten gezeigt.“

Um die Schrumpfung zu verringern, weiche man das Papier vor dem ersten Aufstrich gründlich und lasse es dann trocknen.

Whatman-Papier bedarf vor dem ersten Druck einer Vorpräparation, damit das Farbbild nicht in die Fasern einsinkt und die Lichter färbt, während Zanders-Papier zwei kühl entwickelte Drucke gut aushält.

Die Vorpräparation war bislang nach den veröffentlichten Vorschriften keineswegs bequem. Mit warmer Gelatine, die leicht erstarrte und dann unbrauchbar wurde, und erwärmten Papier zu arbeiten und Pinsel warm zu reinigen, war höchst umständlich. Wir geben zuerst die ältere Methode und schließen mit den neuesten Erleichterungen.

Für die Nachleimung mit Alaungelatine nach Eder löst man in 100 ccm Wasser 2 g Gelatine. Nachdem diese 1—2 Stunden gequollen ist, erwärmt man sie, bis sie in Lösung gegangen ist, und fügt ½ g pulverisierten Alaun zu. Das zu präparierende Papier kann man auf verschiedene Weise mit der Nachleimung überziehen. Bei kleinen Formaten verfährt man am zweckentsprechendsten in der Weise, daß man die warme Flüssigkeit in reichlicher Menge in eine Schale bringt und ein Blatt nach dem anderen vollständig eintaucht, und zwar unter Vermeidung von Luftblasen; wenn alle genügend durchweicht sind, was je nach der Dicke des Papiers in 15—30 Minuten der Fall sein dürfte, dreht man die ganze Lage um, so daß das unterste Blatt jetzt oben liegt, und hebt das erste Blatt aus der Flüssigkeit. Man legt es auf eine reine Glasplatte, streicht mit einem Schwamme die überflüssige Lösung weg und hängt dann das Papier frei zum Trocknen auf. Aber in dem Falle, daß das Papier ein scharfes Korn hat, muß man noch verhindern, daß die Lösung sich in den Tiefen sammelt. Deshalb führt man einen Vertreibpinsel, wie er weiter unten beschrieben ist, nach allen Richtungen rasch mit geringem Druck über das Papier, bis es an der Oberfläche keine Flüssigkeit mehr zeigt und überläßt es erst dann sich selbst zum Trocknen.

Statt ½ g Alaun kann man auch nach E d e r 2 ccm F o r m a l i n nehmen.

Noch besser erzielt man nach H e n n e b e r g die Unlöslichkeit des Papiers durch N a c h l e i m u n g m i t C h r o m a l a u n gelatine. In 100 ccm Wasser löscht man wie oben 5 g Gelatine und setzt 10 ccm einer gleich warmen Lösung von 0,2 g Chromalaun in 10 ccm Wasser unter Umrühren der Mischung durch vorsichtiges langsames Eingießen zu. Die Lösung darf dabei nicht gerinnen.

Sie wird mit dem Pinsel genau wie die Gummichromatfarblösung aufgetragen und vertrieben; der Rest wird weggegossen. Das Arbeiten damit erfordert viel Vorsicht. Für die meisten Papiere kann man die Menge der Gelatine von 5 auf 2½ g, des Chromalauns auf 0,1 g herabmindern, damit die Farbe fester sitzt und man nicht übermäßig lange zu kopieren braucht.

Gut geleimte Papiere schlug der Verfasser 1898 vor, nur in einer verdünnten Formalinlösung (1: 40) 5 Minuten zu baden und sie dadurch zu härten.

Ähnlich hat W a t z e k (Phot. Centralblatt 1899, S. 343) die Vorpräparation in zwei Teile getrennt, zuerst mit 5 pCt. Gelatine gestrichen und getrocknet, dann durch reichliches Aufstreichen von zwanzigfach verdünnter Formalinlösung gehärtet.

Den Verfasser haben die Unannehmlichkeiten des Arbeitens mit warmer Gelatinelösung veranlaßt, zunächst F i s c h l e i m mit Formalin als Ersatz mit gutem Erfolge zu verwenden. Noch besser ist ein Zusatz von 2 pCt. Chromalaunlösung. Je 20 ccm derselben werden vor dem Gebrauche 5 ccm Fischleim zugemischt. Die Lösung läßt sich ohne jede Schwierigkeit auftragen und verstreichen.

Zuletzt hat der Verfasser versucht, ob Gummi arabicum auch durch Chromalaun gehärtet werden könnte, und gefunden, daß man eine Gummilösung und eine Chromalaunlösung zusammengießen kann, ohne daß das Gummi ausgefällt wird. Das aufgestrichene und getrocknete Gemisch ist in Wasser unlöslich, in kochendem Wasser quillt es ein wenig auf. Auch Alkalien lösen es nicht auf. Wir glauben daher, die Vorpräparation mit Gummi und Chromalaun empfehlen zu können. Man braucht als Vorratslösung eine von 10 g Chromalaun in 190 ccm Wasser. Durch Zusatz von ein wenig Kaliumkarbonatlösung bis zur Entstehung eines schwachen, bleibenden Niederschlages kann man sie neutralisieren. Ihre Härtungsfähigkeit wird dadurch nach Namias erhöht.

Als Gummilösung verwendet man die gewöhnliche Gummistärke- oder reine Gummilösung. Man mischt

20 ccm Gummilösung
80 ccm Chromalaunlösung (5 pCt.).

Das Papier kann man vor dem ersten Aufstrich vorpräparieren oder auch (bei Zanders-Papier) damit bis nach dem ersten Druck warten. Die präparierte Seite wird im ersteren Falle mit einem Zeichen versehen. Es genügt manchmal, nur die Stellen, die man als höchste Lichter erhalten will, mit einem feinen Pinsel mit Gummichromalaunlösung zu härten. Für stärker eingreifende Entwicklung kann man die Lösung konzentrierter ansetzen.

Dieselbe Lösung verwendet man, wenn man einen fertigen Druck mit unlöslichem Gummi überziehen will. Man kann ihr auch Farbe hinzufügen, sich so auch Tonpapiere selber herstellen.

Die Gummilösung kann man beim mehrfachen Druck auch vereinfachen, indem man den Zusatz von Arrowroot wegläßt. Man löst 90 g Gummi arabicum in Stücken in 135 ccm destillierten Wassers und setzt 2 ccm Lysol hinzu.

Das Passen bei den späteren Drucken muß man durch eine geeignete Zurichtung des Negatives zu erleichtern suchen.

Es gibt da verschiedene Mittel. So nimmt man das Papier kleiner als das Negativ, legt es mit der Rückseite nach oben auf dasselbe und bringt in der Mitte jeder der vier Seiten mit einem scharfen Bleistift Strichmarken an. Damit Negativ und Papier festliegt, spannt man es in einen dreiteiligen Kopierrahmen, schließt zwei Teile und führt einen Strich gerade von der Mitte des Negativs auf das Papier. Dann schließt man diesen Teil, öffnet die beiden anderen und bringt ebenso Marken an. Bei einem zweiteiligen Kopierrahmen legt man das Negativ nicht genau in die Mitte, damit man an der Langseite die Strichmarken ziehen kann.

Bei jedem Überdruck müssen nun die Marken durch Verschieben des Papiers zur Deckung gebracht werden. Bei dieser Art, das Passen zu erreichen, gehen vom Negativbilde Teile verloren, es kann nicht bis an den Rand kopiert werden. Daher hat man es durch Ankleben von schwarzem Papier oder Einlegen in einen Holz- oder Kartonrahmen vergrößert und dann die Striche auf diesem gezogen.

Man hat auch Negativ und Papier mit einer rechtwinklig geschnittenen Ecke an die Ecke des Kopierrahmenausschnittes angelegt.

Aber es ist schwierig, ein Blatt gleichmäßig bis an den Rand zu streichen. Besser ist es daher, das Papier größer zu wählen als das Negativ. Die Marken werden dann auf dem durchsichtigen Plattenrand des Negatives auf der Mitte jeder der vier Seiten mit gut deckender Tusche in der Form — . — angebracht. Sie bilden sich dann auf dem Druck als weiße Striche mit einem weißen

Punkt in der Mitte ab, wenn man, wie es von selber geschieht, über den Rand des Negativformates hinausgestrichen hat. Das spätere Auflegen bewirkt man dann in der Aufsicht, und kann es nach dem Einlegen in der Durchsicht kontrollieren. Die geringste Abweichung macht sich durch einen Saum um die Marken bemerkbar. Man braucht nur einmal das Negativ auf der Schichtseite mit den Marken zu versehen, auf dem Papier bilden sie sich dann selbsttätig genau ab. Wenn das Passen infolge von zu starkem oder schwachem Trocknen nicht gelingt, läßt man das Papier in feuchtem oder in trockenem Raume liegen, bis es erzielt ist. Man kann aber auch eine geringe Differenz dulden.

Die Farben wird man, wenn man Mischungen verwendet, sich in Vorrat mischen oder sich das Verhältnis merken, wenn man denselben Farbenton bei jedem einzelnen Drucke haben will.

Ein Photometer ist für den mehrfachen Druck unbedingt nötig.

Auf der Rückseite der kopierten Blätter wird der Photometergrad jeden Druckes notiert, um daran später einen Anhalt zu haben.

Da beim mehrfachen Druck die Schatten zusammengehen, ihr Korn verlieren, muß man, wenn man die geschlossene Schicht nicht wünscht, Rasternegative mit grobem Korn wählen. Sehr starke Körnung erhält man, wenn man zunächst eine zum Teil unlösliche Gummifarbschicht aufträgt und durch den Sprühregen des Zerstäubers direkt oder durch ein Drahtnetz hindurch das Papier sensibilisiert.

Es ist einerlei, ob man zuerst die Schatten druckt, dann die Halbtöne und Lichter oder umgekehrt vorgeht. Das hängt häufig davon ab, wie der erste Druck ausfällt.

Wenn man das Bild in seinen Tonwerten nicht mehr genau bei der Entwicklung im Gedächtnis hat, legt man eine Probekopie daneben. Pigment gibt wohl die ganze Tonskala des Negativs am besten wieder, aber wenn man Lichter und Schatten in Celloidin getrennt kopiert, hat man mit weniger Mühe einen Anhalt.

Den Charakter der Teildrucke kann man einmal durch Veränderung der Präparationsmischung beeinflussen. Bei gleichbleibender Belichtung ergibt ein größerer Zusatz von Chromatlösung flauere, von Gummi härtere Bilder. Auch stärkerer Aufstrich verursacht härtere Bilder.

Oder man kann die Teildrucke durch Abstufung der Belichtungsdauer hart oder flau kopieren.

Die zweite Art vermindert das lästige Chromatbild; sie ist daher vorzuziehen. Wir verbinden sie zum Teil mit der ersten.

Wir gehen nun dazu über den A r b e i t s g a n g bei einem m e h r f a c h e n D r u c k zu schildern. Die Druckfarbe sei Lampenschwarz. Das Negativ habe das Format 18 × 24 cm, es ist mit den vier Marken — . — versehen. Man nehme nicht nur ein einziges Blatt in Arbeit, sondern gleich mehrere, etwa vier, und schneide sie auf 20 × 25 cm. Die Blätter werden zunächst im Wasserbade geweicht, dann getrocknet, um das Schrumpfen zu minden. Dann folgt die Vorpräparation mit Gummichromalaunlösung. Nach erneutem Trocknen beginnt der e r s t e Aufstrich.

Für 4 × 25 × 20 = 2000 qcm glattes Papier wird man etwa 7 ccm Aufstrichlösung brauchen. An Farbe werden wir, da wir mit dem S c h a t t e n d r u c k beginnen werden, etwa ½ des S. 52 angegebenen Gewichts nehmen. Auf 15 ccm Lösung entfielen 0,6 g Lampenschwarz, auf 7 ccm bei einmaligem Druck also etwa 0,3 g; wir nehmen davon nur ½ = 0,15 g. Wenn man grobes Korn haben will, muß der Gummigehalt in der Lösung stärker sein, man nehme dann 4 ccm Gummilösung, 3 ccm Chromatlösung und vertreibe mit dem Pinsel solange, bis sich die Farbschicht körnt. Zieht man eine geschlossene Schicht vor, nehme man 3 ccm Gummilösung und 4 ccm Chromatlösung und streiche normal. Alle Blätter werden nacheinander präpariert und dann die Pinsel gereinigt. Von stark rauhem Papier werden nur 2—3 Blatt bedeckt werden können. Über Zusatz von Wasser s. S. 49.

Das T r o c k n e n muß rasch in einem luftigen, dunklen Raume freiwillig geschehen, damit sich das Papier nicht ungleichmäßig zieht. Strahlende Wärme ist daher ausgeschlossen.

Das Papier ist nach etwa ½ Stunde klingend trocken und kann nun kopiert werden. Es sieht grüngrau und wenig gedeckt aus.

Belichtet wird es sehr kurz, etwa auf 11° des Photometers von Vogel, 10° des Ceco. In den Schatten ist beim Nachsehen in gedämpftem Licht ein deutliches Chrombild sichtbar geworden.

Die Entwicklung läßt man im allgemeinen jetzt sich nicht selbsttätig vollziehen. Man beschleunigt sie mit dem Zerstäuber. Zunächst wird der kopierte Druck einige Minuten unter Vermeidung von Luftblasen gewässert. Dann wird er zur Entwicklung auf eine Blechplatte mit umgebogenen Rändern und einer Ablauföffnung an der Ecke gelegt. Die Blechplatte, auf der er fest durch Adhäsion haftet, hängt man etwas schräg an einer Staffelei, Stativ oder ähnlichem in gutem Licht in der Nähe des Fensters auf und spritzt den ganzen Druck gleichmäßig mit einem Zerstäuber ab. Die Lichter lassen zuerst die Farben fahren, dann die Mitteltöne. War zu kurz kopiert, so löst sich die Farbe in Schuppen, und die Lichter bleiben unsauber. Man übersprüht, sobald die Lichter klar sind, besonders die dunkeln Teile, damit sich die tiefsten Schatten von den lichteren Tiefen trennen und kümmert sich nicht um die Halbtöne. Wenn die Schatten keine Einzelheiten hergeben wollen, war überkopiert. Heißes Wasser oder Alkalien anzuwenden ist da weniger ratsam, als auf kaltem Wege das Blatt in dem Alaunklärbad (40 g Alaun in 460 ccm destillierten Wassers gelöst) zugleich zu klären und zu entwickeln. Wir wissen, daß das Chromsuperoxyd in der Alaunlösung zu Chromoxyd reduziert wird, das weniger gerbt. Nach wenigen Minuten ist die Schicht gelockert, daß der Zerstäuber die Entwicklung vollenden kann. Das Blatt wird dann mehrfach gewässert und zum Trocknen aufgehängt. Der Schattenteildruck der Zweifarbendruckbeilage zeigt, wie ungefähr ein erster Druck aussieht. Die Lichter und lichten Halbtöne fehlen ganz, dagegen zeigen die Schatten mehr Einzelheiten, als ein Abdruck des Negatives in Celloidin.

Es wäre zwecklos, die Halbtöne bei der Entwicklung gänzlich zu entfernen, um sie durch einen zweiten Druck wieder aufzutragen. Wenn wir sie wohlmoduliert erhielten, brauchten wir nur noch e i n e n Überdruck für die Lichter.

Im Schattendruck kann man, wenn er noch feucht ist, Fehlstellen mit dem Pinsel reibend entfernen oder auf dem getrockneten mit Farbe unter Zusatz von etwas Chromalaunlösung Stellen decken, die später nicht mehr sichtbar sein sollen.

Ebenso verfährt man mit den anderen drei gestrichenen Blättern, indem man die Erfahrungen, die man mit dem ersten Druck gemacht hat, benutzt, um die Kopierzeit richtiger zu treffen und die Entwicklung abzukürzen.

Für den z w e i t e n Druck wähle man das Aufstrichgemisch und die Kopierzeit so, daß Schatten und Halbtöne kopieren, nur die höchsten Lichter ohne Einzelheiten bleiben. Farbe nehme man ⅓ des normalen Gewichts = 0,1 g, dagegen Gummilösung 3 g, Chromat 4 g wie beim ersten Druck. Kopiert wird etwa bis 15° des Vogel-Photometers, 13° des Ceco, entwickelt zunächst durch Selbstenwicklung, die durch Schaukeln unterstützt wird.

Einzelheiten in den Halbtönen werden durch den Zerstäuber, wenn nötig, aufgehellt; man muß ihn nur mit Vorsicht anwenden; im Anfange, wenn das Bild noch nicht sehr erweicht ist, lassen sich auch lichte Teile, die später zu leicht verletzlich wären, damit gut bearbeiten. Schatten und Halbtöne ergibt der zweite Druck. Nur die höchsten Lichter bilden noch eine zusammenhängende weiße Fläche. Der zweite Druck wird vorsichtig getrocknet. Man kann nun die höchsten Lichter noch mit Chromalaungummi härten, damit sie sich rein von den Lichtern abheben und so das Negativ verbessern,

Der dritte (Lichter-)Druck enthält nur 1/6 der normalen Farbe = 0,05 g, 2 g Gummilösung, 5 g Chromatlösung. Er wird sehr dünn gestrichen, bis 18 ° des Vogel-Photometers, 16 ° des Ceco kopiert. Entwickelt wird er nach kurzem Wässern mit dem Zerstäuber. Erweist er sich als überkopiert, läßt man ihn sich im Alaunbade entwickeln. Die Lichter allein werden entwickelt, Halbtöne und Schatten bleiben unberührt.

Man kann auch umgekehrt vorgehen, zuerst ein flaues Bild, in dem Schatten und Halbtöne zusammengehen, kopieren, dann ein normales weiches, zuletzt ein hartes. Häufig kann man mit nur zwei Drucken das Bild vollenden, zuweilen muß man noch mehrere Drucke anwenden. Von den vier Blättern, die man zugleich bearbeitet, werden etwa drei gelingen.

Die Photometergrade sind nur ungefähre, sie richten sich ganz nach der Gradation des Negativs. Wenn man Bilder von größerer Kraft haben will, kann man die Farbmengen verdoppeln oder im Verhältnis erhöhen.

Zusammenstellung.

Aufstrichgemisch für 2000 qcm glattes, 1000 qcm stark rauhes Papier.

Druck	Lampenschwarz g	Gummilösung ccm	Chromatlösung ccm	Photometergrade Vogel	Photometergrade Ceco
I.	0,15	3	4	11	10
II.	0,1	3	4	15	13
III.	0,05	2	5	18	16

Die Reihenfolge der Drucke ist willkürlich; wenn man die Belichtung nicht richtig trifft, wird das Ergebnis ein anderes sein als man erwartete. Wenn der erste Druck versehentlich überkopiert ist, wird man nicht durch allerlei Mittel die Halbtöne entfernen, sondern ihn, wie sonst den zweiten Druck, harmonisch und weich entwickeln, dann den ersten Druck nachholen, indem man bedeutend kürzer kopiert, jedoch die Farbmenge auf 0,1 g heruntersetzt.

Hat man aus Versehen zu kurz kopiert, so ist das — außer beim ersten Druck — schwerer auszugleichen. Wenn die Schatten schon zu kräftig sind, legt man das Blatt zwei Stunden in die Alaun- oder die S. 60 angegebene stärker wirkende 1 prozentige Sodalösung und sucht durch den Pinsel die erweichte unterexponierte Schicht auch in den Schatten ganz zu entfernen. Gelingt das nicht, ist der Druck verloren.

Zum Schluß wird der Druck, wenn er noch Chromatreste enthält, zwei Stunden im Alaunbade geklärt, dann gewässert und endgültig getrocknet.

Wenn man mit vergrößerten Negativen arbeitet, verlohnt es sich, um das Chromatbild einzuschränken, von demselben Negativ, nach dem man die Marken am Rande angebracht hat, zwei gleich große Negative zu vergrößern, eines in den Lichtern dünn zu halten, ohne Rücksicht, ob die Schatten genügend gedeckt sind, das zweite auf die Schatten hin zu entwickeln und darin die Lichter zugehen zu lassen. Dann druckt man die höchsten Lichter vom ersten flauen Negativ, ohne übermäßig lange belichten zu müssen, und die Schatten gibt das zweite harte Negativ, während die Lichter in ihm ganz ausfallen.

Als Unterdruck einen Pigment-, Platin- oder Bromsilberdruck zu wählen, ist keinem untersagt.

2. Der mehrfarbige Druck.

Man kann nun aber einen Schritt weiter gehen und zu dem mehrfachen Druck nach einem Negativ nicht immer die gleiche Farbe für alle Drucke nehmen. Man erhält dann *mehrfarbige* Drucke.

Der mehrfache Druck läßt sich auch verwenden, indem man durch Kopieren eines farblosen Gummichromatgemisches unter dem Negative und harte Entwicklung einen glänzenden Überzug nur auf die *Schatten* bringt und so deren Brillanz erhöht. Das ist noch ein reines photomechanisches Verfahren. Es wird zuweilen eher am Platze sein als das Firnissen eines ganzen fertigen Bildes nach dem Vorbilde der Malerei.

Die *Lichter* kann man ebenfalls durch ein nochmaliges Kopieren färben, sogar ohne Negativ. Wenn man einen fertigen Druck auf weißem Papier noch mit einer anderen lichtempfindlichen Farbschicht überzieht und ohne Negativ das Blatt mit der Papierseite nach außen kurze Zeit (wenige Photometergrade) kopiert und hart entwickelt, so schwimmt die Farbe über der ersten Farbschicht ab, bleibt nur auf den vorher weißen Papierstellen sitzen. Das Bild scheint also, wenn es fertig ist, sich auf einem farbigen Tongrunde zu befinden. Die Wahl der passenden Farbe stellt hier wieder große Anforderungen an den Farbensinn des Photographen. Man kann aber so eine dekorative Wirkung leichter erreichen als durch den Druck auf farbiges Tonpapier, da es von diesem nicht viele Töne gibt, die die Bäder des Gummiprozesses aushalten; oder man müßte sich dieses durch Aufstrich einer passend gefärbten Gummichromalaunlösung nach S. 80 selber herstellen.

Auf gleiche Weise kann man rein mechanisch die Lichter mit Weiß höhen, indem man eine Gummichromatlösung mit Kremserweiß aufträgt und entweder ohne Negativ durch das Papier hindurch kurz belichtet oder unter einem Diapositiv auch nur solange, daß die höchsten Lichter die Farbe bei der Entwicklung festhalten. Aber die weiße Farbe wird leider durch das Chromoxyd sehr getrübt und schmutzig gemacht.

Mehrfarbige Drucke nach einem Negativ kann man technisch leicht herstellen. Man braucht nur für die verschiedenen Drucke verschiedene Farben wählen. So druckt man zuerst ein hartes Bild der Schatten in einer Farbe, wie bei der Beilage in Paynes Grau. In den Lichtern muß nach dem Entwickeln und Trocknen der reine Papiergrund wieder sichtbar werden. Sodann präpariert man das ganze Papier noch einmal mit einer zweiten Farbe — bei der Beilage Terra Siena gebrannt —, kopiert lange für die Lichter und entwickelt weich. Nun hat man in den Lichtern die zweite Farbe allein, in den Halbtönen und Schatten beide Farbentöne übereinander, also eine Mischfarbe. Wenn man bei einer Landschaft die Schatten zuerst in gelb druckt, dann das ganze Bild in blau, so erhält man eine Landschaft mit den dunkeln Teilen in grün, dem Himmel oder Wasserflächen in blau. Eine technische Schwierigkeit liegt darin, bei der Belichtung des ersten Bildes die Grenze zwischen Schatten und

Lichtern, die man nach dem Studium eines einfarbigen Abzuges bestimmt hat, genau einzuhalten. Sonst würde man in dem oben angeführten Falle vielleicht einzelne blaue Bäume unter sonst grünen erhalten oder grüne Wolken neben blauen.

Das angezogene Beispiel soll kein Rezept für Versuche in Zweifarbenlandschaften sein. Der Zweifarbendruck kann und will keine Naturnachahmung geben, nur die Farben benutzen, um eine Stimmung besser als in monochromem Bilde herauszubringen. Der Farbengeschmack des einzelnen ist hier allein der einzige Leitstern.

Durch einfachen Druck kann man nie die Kraft in den Tiefen erreichen wie durch mehrfachen. Aber es ist auch nicht in der Wirkung dasselbe, ob man zwei Farben direkt gemischt auf das Papier streicht oder in zwei getrennten Schichten übereinander legt. Wenn man z. B. über eine orange Unterschicht eine dünne als Lasur wirkende Schicht in rot bringt, so erreicht man ein so feuriges Rot, wie es eine einfache Mischung nie ergeben würde. Zwei farbige Schichten, wie Grün und Rot, mehrmals abwechselnd übereinander gedruckt, ergeben, indem sie alles farbige Licht absorbieren, ein so sattes Schwarz, daß jede schwarze Körperfarbe (Lampen-, Reben-, Elfenbeinschwarz) dagegen grau und ungesättigt erscheint. Durch größeren Gummizusatz und dünnen Auftrag kann man sonst deckende Farben als Lasur verwenden.

Die Beilage zeigt, wie das fertige Bild aus den braunen Terra Siena-Lichtern und den Schatten aus Paynes Grau + Terra Siena aufgebaut ist.

Die Farbentöne muß man sorgfältig gegeneinander durch Ausprobieren abstimmen. So gibt Chromgelb und violetter Lack übereinander gedruckt Braun. Man kann mit dieser Zusammenstellung also im fertigen Bilde Chromgelb und Braun, Violett und Braun geben, je nachdem man Chromgelb und Violett auf Lichter und Schatten verteilt.

Die Farbtöne können auch ganz benachbart sein, so daß ein Laie kaum Differenzen wahrnimmt, so wenn man die Luft mit einem kälteren oder wärmeren Farbtone druckt wie die Landschaft.

Sehr gelungene Zweifarbendrucke hat Dr. H. Henneberg geschaffen; er lobt die Zusammenstellung von graublauen Tönen für die Luft, von rot- oder schwarzbraunen für die Landschaft, ebenso von hellem Orangegelb und Dunkelviolett, ferner von Rötel für die Lichter, Schwarz für die Schatten.

Wenn man durch Probieren die beiden Farben gefunden hat, die man in einem Mehrfarbendruck verwenden will, kann man das Kopieren beginnen. Ob man zuerst die Schatten allein oder das ganze Bild mit den Lichtern druckt, ist technisch ziemlich gleich. Wenn die untere Farbschicht durch die obere hindurchscheinen und den oberen Ton verändern soll, darf der zweite Druck keine schwere Deckfarbe sein, sondern muß als Lasurfarbe wirken.

Will man umgekehrt Mischfarben vermeiden, muß der zweite Druck deckend gewählt sein.

Von einem Negative mehrere Farben nebeneinander zu drucken, die im Negative sich nicht durch Helligkeitswerte unterscheiden, ist durch teilweises Auftragen der Farbe möglich. Man kann aber nicht auf einem flauen Unterdruck die Schicht gewissermaßen ausmalen — natürlich mit lichtempfindlicher Farbgummichromatmischung — und dann kopieren. Das ist wegen der Differenzen der Kopierdauer der verschiedenen Farben unmöglich. Man muß jede einzelne Farbe einzeln auftragen und einzeln entwickeln.

Das gleichmäßige Streichen von Teilflächen eines Bildes bereitet einige Schwierigkeiten, aber nur im Anfang. Man muß einen schmalen Pinsel verwenden, damit man die Konturen einhalten kann. Leicht ist das, wenn z. B. der Himmel am Horizont ganz licht ist, schwerer, wenn zwei dunkle Farbtöne zusammenstoßen, die nicht ineinander verlaufen sollen. Man erleichtert sich die Arbeit, wenn man das Papier gleichmäßig befeuchtet und so weit trocknen läßt, daß es nicht mehr glänzt. Das Aufstreichen erfolgt dann genau in der Weise, als ob man eine Fläche einer Zeichnung mit Farbe anlegen wollte. Man darf nicht den Umriß mit dem Pinsel umfahren, sondern muß schmale wagerechte Streifen ziehen. Der Farbenauftrag muß dabei sehr dünn sein. Wenn man mit dem Anlegen fertig ist, darf auch der Pinsel keine überflüssige Farbe enthalten.

Wenn der erste Druck einer Teilfläche entwickelt, die Tiefe aber noch zu gering ist, wiederholt man ihn, bis diese genügt. Dann streicht und druckt man eine weitere Fläche, die sich ja auch teilweise mit der ersten decken kann, ebenso und so fort, bis das ganze Bild mehrfarbig vollendet ist.

Zusammenstellung der im einfachen und mehrfachen Gummidruck verwandten Lösungen.

1. Stärkegummilösung.

   Ca. 200 ccm. Anzusetzen nach S. 42.

   90 g Gummi arabicum in Stücken,
   135 ccm destilliertes Wasser,
   4 g Arrowrot,
   2 g Lysol.

2. Bichromatlösung.

   30 g Ammoniumbichromat,
   170 ccm destilliertes Wasser.

3. Alaunlösung.

   90 g Alaun,
   460 ccm destilliertes Wasser.

4. Gummilösung.

   90 g Gummi arabicum in Stücken lösen in
   135 ccm Wasser unter Zusatz von
   2 ccm Lysol.

5. Chromalaunlösung.

   10 g Chromalaun,
   190 ccm destilliertes Wasser.

Alphabetisches Namen- und Sachregister.

Druck von Rosenthal & Co., Berlin SO 16

FSC
www.fsc.org
MIX
Papier | Fördert
gute Waldnutzung
FSC® C083411

Kolibri 360 GmbH
Ferdinand-Jühlke-Straße 7
99095 Erfurt, Deutschland
produktsicherheit@kolibri360.de